Antiquitäten

RENATE DOLZ

Porzellan

Von China bis zum Jugendstil –
Entstehung und Herstellung, Formen und Muster,
die großen Manufakturen und Meister

Mit vielen Zeichnungen der Verfasserin,
Fotos und ausführlichem Register

Originalausgabe

Wilhelm Heyne Verlag
München

HEYNE-BUCH Nr. 4340
im Wilhelm Heyne Verlag, München

Wir danken der Firma
ANTIQUITÄTEN FRIEDEL KLEYN,
MÜNCHEN
für ihre freundliche Unterstützung
bei der Umschlaggestaltung

5. Auflage

Printed in Germany 1974
Umschlag: Atelier Heinrichs & Bachmann, München
Umschlagfoto: Atelier Dieter Hinrichs, München
Gesamtherstellung: Ebner, Ulm

ISBN 3-453-41016-5

Inhalt

Einleitung

Was hat das Porzellan mit einem Schweinchen zu tun? *Porcella* nämlich heißt im Vulgärlatein Schweinchen und ist die volkstümliche Bezeichnung für eine rundliche, hochgewölbte Muschel, die Kaurimuschel.

Ich besaß als Kind eine solche Muschel, wunderschön glatt und glänzend, fein gefleckt und mit einem zähnchenbewehrten Spalt an der Unterseite. Ich erinnere mich deutlich, daß ich das merkwürdige Gebilde bestaunt habe und dabei immer ein wenig enttäuscht war, daß es doch keine echte Muschel, sondern nur eine aus Porzellan gemachte war.

Vor über 700 Jahren, wahrscheinlich schon vor Marco Polos Reise, ist wohl einem europäischen Handelsmann, der zum ersten Male nach China kam, beim Anblick der kostbaren, glasierten Gefäße der Name der Muschel porcella in den Sinn gekommen, die er vielleicht als Zahlungsmittel der Eingeborenen kennengelernt hatte. Marco Polo war der erste, der von ›Porcellana‹ erzählt hat. Nach seiner Heimkehr im Jahre 1292 versetzte er mit seinen abenteuerlichen Reiseberichten aus China die Zeitgenossen in ungläubiges Staunen. Er hatte mit seinem Vater und seinem Onkel 1271 eine Handelsreise nach Peking unternommen, wie es damals für Venezianer und Genuesen üblich war, und hatte fast zwanzig Jahre als Statthalter einer Provinz in den Diensten Kublai-Khans, eines Enkels des Dschingis-Khan, gestanden, der als Mongole der erste chinesische Kaiser der Yüan-Dynastie war.

Ganz vereinzelt kam damals Porzellan von China nach Europa, und man versuchte es auch in Italien nachzuahmen, wo man mit Fayence- und Glasschmelzkunst vertraut war. Aber die Zeit war noch nicht reif dafür. Erst im 16. und 17. Jahrhundert begann man sich in Europa für das Porzellan zu interessieren, und es kam zu einer großen China- und Porzellanmode.

Dagegen trieb der Vordere Orient mit dem Fernen Osten regen Handel. Ein schönes Zeugnis davon ist uns in der großen Porzellansammlung der Sultane im Alten Serail (Topkapi) in Istanbul erhalten. Viele mattgrüne Seladonschalen und -gefäße der Sung- und Yüan-Zeit und köstliche Blauweiß-Porzellane der früheren Ming-Zeit bilden ihren wertvollsten Bestand.

Mit den zunehmenden Entdeckungsfahrten und den immer zahlreicher werdenden Gründungen von Seehandelsgesellschaften vieler Länder (Ostindische Kompanien) kamen dann ab 1600 die Herrlichkeiten einer fernen Welt auch nach Europa: Gewürze, Edelsteine, Elfenbein, neue Hölzer, kostbare Stoffe, fremdartig gemusterte Teppiche, Möbel und — Porzellan.

Tee, Kaffee und Kakao eroberten sich ihren Platz als Genußmittel, und das kostbare Porzellan war der würdige Rahmen für die begehrten heißen Getränke. Allein die henkellosen Täßchen, in Holland ›Koppchen‹ genannt, wurden in ungeheuren Mengen importiert.

Es wurde Mode, Porzellangefäße in den Wohnungen aufzustellen. Auf die mächtigen Barockschränke und auf Kamine gehörten jetzt Garnituren von fünf verschiedenen Vasen. Delft kopierte meisterhaft chinesische Blauweiß-Dekors in Fayence.

Vor allem die Fürsten wurden von der China-Begeisterung und von der Sammelleidenschaft ergriffen. Das Porzellan, oft in gewaltigen Formen, war für die Paläste des 17. Jahrhunderts hervorragend geeignet. Man richtete Porzellankabinetts ein, baute chinesische Pavillons und begeisterte sich für Lackmöbelchen und ›Chinoiserien‹ als Intarsien und Lackarbeiten auf Möbeln und Wandpaneelen.

August der Starke, Kurfürst von Sachsen und ab 1697 König von Polen, stellte mit seiner Porzellansammelleidenschaft selbst Ludwig XIV. in den Schatten. 1717 überließ er dem Soldatenkönig von Preußen 600 Dragoner gegen Porzellanvasen.

Am 20. März 1709 konnte Johann Friedrich Böttger in Dresden seinem König nach langen vergeblichen Versuchen Gold zu machen mitteilen, daß die Erfindung des Porzellans gelungen war. 1710 wurde dann in Meißen die erste europäische Manufaktur für echtes Porzellan gegründet und erreichte bald Weltgeltung.

Viele Manufakturen sind seitdem entstanden, teils unter fürstlicher Schirmherrschaft, später auch durch Privatinitiative. Manche konnten sich nur für kurze Zeit behaupten, viele arbeiten noch heute. Ihre Service und Figuren spiegeln den Stilwandel von Rokoko über Empire, Biedermeier und Jugendstil bis zu unserer Zeit.

Dank der wahrhaft glücklichen Verbindung von Technik und Kunst kann man heute noch alle Modelle eines Kändler oder Bustelli in Neuausformung erwerben. Außerdem sind die Unternehmer, Techniker und Künstler unserer Zeit damit beschäftigt, neue Möglichkeiten der künstlerischen Gestaltung und der Technik zu entwickeln. Auch das Porzellan ist in den großen allgemeinen Umwandlungsprozeß eingeschlossen – wenn auch in diesem Buch vor allem vom ›klassischen‹ Porzellan gesprochen wird.

Was ist eigentlich Porzellan?

Porzellan ist Keramik und wie Fayence, Steingut, Steinzeug und einfache Töpferwaren aus Erde gemacht und gebrannt. Es kann Gebrauchsgeschirr sein oder festliches Service oder technisches Porzellan – es kann aber auch zum Beispiel in einer Plastik von Bustelli ein Kunstwerk sein.

Das Porzellan wurde von den technisch und künstlerisch hochbegabten Chinesen allmählich aus dem Steinzeug entwickelt. Der feine, weiße, durchschimmernde, klingende, dabei äußerst widerstandsfähige Scherben macht es zu einer Spitzenleistung und jeder anderen Keramik überlegen.

Im 17. und 18. Jahrhundert bezeichnete man oft die *Fayence* als Porzellan, denn es war tatsächlich gelungen, sie dem China-Porzellan äußerlich täuschend ähnlich zu machen, aber mit der rasch zunehmenden Verbreitung des Porzellans wurde sie dann als ›ordinäres‹ oder ›unechtes‹ Porzellan abgetan.

Die Hauptbestandteile der Porzellanmasse sind Kaolin, ein feuerbeständiges Zersetzungsprodukt des Feldspats, der im Feuer schmelzende Feldspat selbst und Quarz. Feldspat wird auch Petuntse genannt, das kommt aus dem chinesischen Pai tun tse und bedeutet kleine weiße Plättchen, denn in dieser Form wurde der Feldspat den chinesischen Manufakturen geliefert.

Der Chinese sagt: »Das Kaolin ist das Knochengerüst und der Feldspat das Fleisch des Porzellans.« Beim europäischen Porzellan ist die Glasur ähnlich zusammengesetzt.

Die prozentuale Zusammensetzung der Masse, das sogenannte ›Arkanum‹, ist selbstverständlich das streng gehütete Geheimnis einer jeden Manufaktur.

Je höher der Kaolingehalt der Masse ist, desto höher muß die Temperatur beim sogenannten ›Garbrand‹ oder ›Scharffeuer‹ sein, und um so härter und widerstandsfähiger wird der Scherben. Das europäische, von Böttger neu erfundene Porzellan ist härter als das chinesische, aber dafür hat das chinesische Porzellan den Vorteil einer reicheren Farbpalette, denn nicht alle Farben halten die hohen Temperaturen aus.

Wichtig ist vor allem die sorgfältige Bearbeitung der Masse, die mit Wasser zubereitet wird. China hat sicher nicht die beste Kaolinerde der Welt, aber die hervorragende Behandlung läßt keine Mängel spüren. Vom hauchfeinen Eierschalenporzellan bis zu Monumentalgefäßen, die aus mehreren Stücken zusammengesetzt werden mußten, reichte die Vollkommenheit des chinesischen Porzellans.

Nach dem Aufdrehen auf der Töpferscheibe oder Formen, während heute auch gegossen wird, müssen die Stücke gut durchtrocknen. Das europäische Porzellan wird danach zwei Bränden ausgesetzt, zunächst dem schwächeren ›Vor- oder Verglühbrand‹ bis etwa 900 ° C, der dem Scherben Wasser entzieht und ihm die nötige Festigkeit für die Weiterbehandlung gibt, ihn aber noch porös und saugfähig läßt. Nach dem Tauchen in den dünnflüssigen Glasurbrei erfolgt dann in einem anderen Ofen der ›Garbrand‹ bis 1460 ° C. Die Glasur verbindet sich bei diesem komplizierten Umwandlungsvorgang unlösbar mit dem Scherben, der an Größe verliert und weiß und stahlhart wird.

Porzellan, das ohne Glasur zweimal gebrannt wird, nennt man *Biskuit*.

Das chinesische Porzellan wurde etwas anders behandelt, schon im luftgetrockneten Zustand glasiert und dann dem Scharffeuer bei Temperaturen bis etwa 1350 ° C ausgesetzt. Der niedrigere Kaolingehalt erforderte keine höheren Temperaturen. Da das Glasieren der empfindlichen ungebrannten Stücke höchstens bei kleinen Gefäßen durch Tauchen möglich war, wurde die Glasur meistens mit einem Pinsel aufgetragen oder, noch besser, mehrmals aufgeblasen. Man benutzte dazu Bambusrohre, die an einem Ende mit Gaze überzogen waren. Was beim Eintauchen in die Glasur daran hängenblieb, wurde aufgeblasen. Danach wurde das Gefäß erst von der Drehscheibe abgedreht. Eingedrückte, fein eingeritzte oder aufgesetzte Dekors wurden vor dem Glasieren, noch im feuchten Zustand, angebracht. Im Gegensatz zu Europa ist in China freihändige plastische Arbeit selten, dafür wurden häufig Formen, die das ganze Gefäß formten, verwendet oder solche, die nur Ornamente bildeten, die auf die Wandungen aufgesetzt wurden.

Die *Brennöfen* waren im alten China und im Europa des 18. Jahrhunderts meistens Tunnelöfen in Form eines liegenden Halbzylinders. Die Größe richtete sich nach dem Umfang der Gefäße. Die Öfen wurden mit Holz beheizt, wobei sich hier wie dort die Schwierigkeit ergab, daß es im unmittelbaren Bereich der Feuerung sehr heiß und am anderen Ende des Ofens beim Abzug, der mit dem Schornstein in Verbindung stand, wesentlich kühler war. Die ausgeglichenste Temperatur hatte die Mitte, die deshalb auch für das feinste Porzellan reserviert war. Um Verunreinigungen oder zu schnelles Einwirken des Feuers zu vermeiden, stellte man die Stücke in bereits gebrannte Tonkapseln (Muffeln).

Feuer ist unberechenbar, und die Kontrolle ist sehr schwierig. Eine Öffnung, durch die auch das Brennmaterial nachgelegt wurde, ermöglichte die Beobachtung des Brandes, der auch durch Luftzufuhr durch kleine Öffnungen im Ofengewölbe reguliert werden konnte.

In Europa half man sich gegen die unterschiedlichen Temperaturverhältnisse mit drei verschiedenen Porzellanmassen. Lehmkegel, die miteingesetzt wurden, zeigten die richtige Temperatur an. Seit Ende des 19. Jahrhunderts tun die von Seger entwickelten Kegel, die je nach Hitzegrad umsinken, ausgezeichnete Dienste. In China gab es ziegelförmige Stücke aus einem besonderen Ton als Brandhilfe.

Ein Brand dauerte meistens mehrere Tage; danach wurde das Brenngut langsam abgekühlt.

Schon Ende des 18. Jahrhunderts wurde dann in Paris ein Rundofen entwickelt, der es gestattete, in mehreren übereinanderliegenden Räumen die verschiedenen Temperaturen auszunutzen. So fand unten der Garbrand und oben der Verglühbrand statt; auch die Brennkapseln wurden hier vorgebrannt.

Später ging man von der Beheizung mit Holz zur Braunkohle über. Die heute gebräuchlichen Tunnelöfen werden mit Öl, Gas oder Strom geheizt, was eine sichere Brandführung garantiert, und man weiß daher heute kaum noch etwas von den Schwierigkeiten und Ungewißheiten, die im alten China jeder Brand mit sich brachte.

Malerei, Farben und Glasuren

Würde man das Porzellan unglasiert und unbemalt lassen, könnte es seinen Zweck ebenso vollkommen erfüllen – aber wieviel schöner ist es in Glanz und Farbe!

Die chinesischen Keramikmeister verstanden sich bewundernswert auf Glasuren und Malerei, und ein vollkommen geglücktes Ergebnis errang hohe Anerkennung. Der Reiz des Spieles mit dem unberechenbaren Feuer und große künstlerische Begabung vollbrachten wahre Wunder. Und so wurden die chinesischen Meister zu unübertroffenen Vorbildern der europäischen Porzellankunst.

Dank der niedrigen Temperaturen (bis 1350 ° C) konnten für die Scharffeuerglasuren mehrere Farben verwendet werden. Eine der berühmten Glasuren ist die durch Eisenoxyd gefärbte *Seladon-Glasur*, die schon während der Entwicklung des Porzellans viel auf Steinzeug erschien. Der Name stammt aus dem Roman ›L'Astrée‹ von Honoré d'Urfé, der 1610 in Paris erschien. Der Held, der Schäfer Seladon, trug stets ein mattgrünes Gewand, das Mode machte. Die Farben der Seladon-Glasuren schwanken zwischen einem zarten Graugrün, einem matten Oliv, einem Jadeton und einem Blaugrün.

Die verschiedenen Rottöne der ebenso berühmten *Ochsenblutglasuren* (französisch: *sang de bœuf*, chinesisch: *Lang yao*) wurden durch Kupferoxyd erzielt. Sie sind nie ganz einheitlich in der Farbe und werden meistens zum Rand hin heller oder grünlich. Durch oxydierendes Brennen entstand Grün, und so kommt es sogar vor, daß ein rotes Gefäß wie ein Apfel mit grünen Flecken erscheint. Auch das *Peachbloom*, die Pfirsichfarbe, gehört in diese Gruppe.

Die wichtigsten einfarbigen Glasuren mit Kobaltblau sind das *Clair de Lune* und das dunklere *Pulverblau*, das oft einen Golddekor trägt.

Gold wurde in China in einem Brand mitgebrannt, während es in Europa einen weiteren Brand erforderte und danach poliert wurde.

Kobalt mit Mangan ergab eine metallisch glänzende, schwarze Glasur, das *Mirror-black*. Eine braune Glasur entstand durch Eisenoxyd. Eine gelbe Bleiglasur ist das sogenannte *Kaiserliche Gelb*.

Daneben gab es natürlich viele Abweichungen und feine Schattierungen. So bekommen zum Beispiel die reizvollen geflammten Glasuren ihr schönes Farbenspiel durch Sauerstoffoxydation, also durch reichliche Luftzufuhr beim Brand.

Craquelé (französisch: rissig) entsteht, wenn die Glasur einen geringeren Ausdehnungskoeffizienten hat als die Masse darunter. Die Chinesen erzielten es gegen Ende des 17. Jahrhunderts auf einfache Weise. Entweder wurde ein glasiertes Gefäß vor dem Brand längere Zeit der Sonne ausgesetzt und dann in kaltes Wasser getaucht oder man gab noch gereinigte Porzellanerde zur Glasur. Dabei wurde der Kalkgehalt der gewöhnlichen Glasur durch Feldspat verdrängt. Je feiner die Porzellanerde war, desto feiner zerriß die Glasur im Feuer. Oft wurden die Risse noch mit Rötel oder Tusche eingerieben.

Als eine Art Glasur kann man auch die Schmelzfarbenmalerei auffassen. Die chinesischen Bezeichnungen *san tsai* für die sogenannte Dreifarbenmalerei und *wu tsai* für die Fünffarbenmalerei deuten darauf hin. Schmelzfarben oder Emailfarben sind Glasflüsse, die durch Metalloxyde gefärbt werden. Sie brauchen beim Brand weniger Hitze als die Scharffeuerglasuren, und daher stehen mehr Farben zur Verfügung. Die Begriffe ›Drei Farben‹ und ›Fünf Farben‹ sind nicht ganz streng zu nehmen, denn es können auch weniger oder mehr Farben sein. Der entscheidende Unterschied ist der, daß die Dreifarbenmalerei auf den gebrannten Scherben aufgetragen und dann gebrannt wird, man nennt das Email sur biscuit, während die Fünffarbenmalerei eine Überglasurmalerei ist. Die Malerei kommt auf das fertig gebrannte und glasierte Stück und wird bei schwächerem Feuer eingebrannt.

Bei der Dreifarbenmalerei können die Farben durch Stege, wie bei émail cloisonné auf Metall, getrennt, aber auch direkt nebeneinandergesetzt sein, oder durch Konturen- und Innenzeichnungen, meist in Manganbraun, unterschieden sein. Email sur biscuit kommt auch einfarbig vor.

In der Ming-Zeit waren Türkis, Grün, Aubergine und Gelb die vorwiegenden Farben. Für die späteren Gefäße der Ch'ing-Zeit, besonders während der Regierung des Kaisers K'ang hsi, ist es üblich geworden, sie je nach ihrer Hauptfarbe einer ›famille‹ zuzuordnen. Das hat der französische Forscher Jacquemart vor hundert Jahren eingeführt, und so gibt es eine *famille noire* (schwarz), eine *famille verte* (grün) und eine *famille jaune* (gelb). Dabei ist jedoch zu beachten, daß auch die Fünffarbenmalerei in Familien eingeteilt worden ist, und daß es auch hier die wichtige ›famille verte‹ mit den Farben Grün, Eisenrot, Schwarz, Aubergine und Aufglasurblau gibt.

Der sanftere Gegenpol ist die *famille rose*, in China auch ›Malerei in fremden Farben‹, *Yang t'sai*, genannt, weil hierbei in Anlehnung an den europäischen Geschmack der Cassiussche Goldpurpur aus Europa verwendet wurde. Es handelt sich dabei um ein Goldchlorid, mit dem alle Schattierungen zu erzielen sind.

Die ›famille verte‹ und die ›famille rose‹ haben ganz verschiedene Farbskalen. Während die Farben der ›famille verte‹ klar, durchsichtig und glänzend sind, erscheinen die der ›famille rose‹ meist undurchsichtig und stumpf. Die andere Bezeichnung *juan t'sai*, ›Malerei in weichen Farben‹, trifft diese Art der Dekoration, die ihre große Zeit während der Regierung der Kaiser Yung chêng und Ch'ien-lung hatte, besonders gut. Europa lebte zu der Zeit im Rokoko, das ebenfalls zarte Farben bevorzugte. Die Fünffarbenmalerei unterscheidet sich von der kaum erhabenen europäischen Überglasurmalerei durch einen dickeren Farbauftrag, der eine reliefartige Wirkung hat, da auf der Kalksteinglasur der Chinesen die Farben besser haften als auf der Feldspatglasur. Die damit verbundene wunderbare Leuchtkraft der Farben ist nicht zu übertreffen.

Trotz der Schönheit der mehrfarbigen Porzellane nimmt das einfarbig unter der Glasur bemalte Porzellan in der ganzen Welt einen besonderen Platz ein. So zum Beispiel Kobaltblau auf weißem Grund. Wer kennt nicht Meißens berühmtes Zwiebelmuster? In China wie im Vorderen Orient und in Europa war das Kobaltblau die wichtigste Farbe. Die Chinesen kannten noch ein aus Kupferoxyd gewonnenes Rot, das aber beim Brennen Schwierigkeiten machte und leicht schwarz wurde. Erst mit der Zeit wurde dieses Problem gemeistert. Dagegen widersteht Blau auch den hohen Temperaturen, denen das europäische Porzellan ausgesetzt wird.

Die Malerei erfordert eine ganz sichere Pinselführung und ein gutes Stilempfinden. Sie wird auf den luftgetrockneten, in Europa auf den vorgebrannten Scherben aufgetragen. Da dieser saugfähig ist, verbindet sie sich sofort mit ihm. Ein falscher Pinselstrich ist daher nicht mehr zu korrigieren.

In China wurde das Unterglasurblau auch häufig sehr reizvoll mit der Schmelzfarbenmalerei kombiniert.

Der Unterschied zwischen der chinesischen und europäischen Porzellanmalerei ist sehr groß. In Europa wurde wirklich gemalt, es wurde also durch- und übereinandergemalt und abschattiert, oft sogar sehr naturalistisch. Die Chinesen setzten dagegen die Farben nebeneinander und trennten sie höchstens durch eine dunkle Zeichnung. Sie faßten die Malerei ganz dekorativ auf, was ihren Arbeiten die klare Farbigkeit und damit die ruhige Wirkung gibt.

Wie entstehen die Porzellanfiguren?

Den Anfang macht der Künstler, der seine Eingebung in Ton modelliert. Dieses Modell wird vervielfältigt – und das ist typisch für das Porzellan. Das Werk bleibt nicht einmalig, wie etwa die aus Stein gehauene Plastik. Herr X in Hamburg kann den gleichen Arlecchino aus Nymphenburg kaufen wie Frau Y in Berlin – und beide haben ihre Freude an dem kleinen Meisterwerk.

Zum Vervielfältigen braucht man Formen. Während die Chinesen mit Tonformen arbeiteten, bevorzugt man in Europa Gipsformen. Die oft in lebhafter Bewegung gestalteten Modelle, man denke an eine Rokoko-Schäferszene, haben viele Überschneidungen und müssen deshalb zum Abformen in Teile geschnitten werden. Jede Negativform aus Gips besteht aus zwei Teilen, in die etwas vorgeformte Porzellanmasse fest hineingedrückt, heute auch gegossen wird. Die beiden Teile werden dann aufeinandergepreßt. Da die Form der Masse etwas Wasser entzieht, lösen sich beim Trocknen die Stücke gut aus der Form.

Dann treten die ›Bossierer‹ in Aktion, die in den alten europäischen Manufakturen das ›weiße Corps‹ genannt wurden. Ihre Aufgabe ist es, die beim Formen entstandenen Nähte zu glätten und die einzelnen Teile der Figuren mit Porzellanschlicker zusammenzusetzen. Freihändig modelliertes Beiwerk wie Blätter und Blüten wird erst jetzt angesetzt.

Nach dem Brennen übernehmen die Staffierer die Figuren, die sie sozusagen ausstaffieren, indem sie ihnen mit dem Pinsel die feinen Farben und Zeichnungen geben.

Frittenporzellan und Knochenporzellan

Das *Frittenporzellan* (französisch: *pâte tendre*) wurde in Frankreich entwickelt. Die Manufaktur Sèvres hat es zu einer solchen Vollendung gebracht, daß es auch andere Manufakturen stilistisch stark beeinflußt hat. Aber das Frittenporzellan ist eigentlich gar kein keramisches Erzeugnis, sondern ähnelt in seiner Zusammensetzung eher dem Glas. Die Masse enthält vor allem kein Kaolin, aber durch Zusatz von Kreide wird sie opak und weiß und erhält ihr porzellanähnliches Aussehen.

Die Herstellung von Masse und Glasur ist ein besonders umständlicher Prozeß. Die niedrigen Garbrandtemperaturen gestatten jedoch die Verwendung zartester Farben, die in Verbindung mit der danach aufgetragenen Glasur zu einer Leuchtkraft kommen, die beim Hartporzellan nicht zu erreichen ist. Der Scherben ist allerdings weich und empfindlich, und die Glasur nutzt sich infolge ihres Bleigehalts stark ab. Deshalb blieb das Frittenporzellan in Frankreich, Belgien und Spanien immer sorgsam gehütetes Luxusgeschirr höfischer Kreise.

Das *Knochenporzellan*, auch *Bone china* genannt, ist eine englische Erfindung, ähnelt äußerlich etwas dem Frittenporzellan, kommt aber in der Zusammensetzung dem echten Porzellan näher. Die Masse wird aus kalkhaltigem Porzellanton, einem feldspatartigen Mineral, plastischem Ton, Feuerstein und phosphorsaurem Kalk (Knochenasche und Phosphorit) gebildet.

Das englische Porzellan hatte immer eine große Konkurrenz in dem zu Recht berühmten englischen Steingut, das mit dem Namen Wedgwood eng verbunden ist.

Das chinesische Porzellan

Die Dynastienfolge

Die chinesische Geschichte wurde von Kaiserdynastien geprägt. Man hat deshalb die kunstgeschichtlichen Epochen nach diesen Dynastien benannt. Viele Kaiser haben großen Einfluß auf die Entwicklung der Kunst gehabt. Das gilt besonders für die Porzellankunst, denn das kostbare Porzellan wurde in der kaiserlichen Manufaktur hergestellt.

Die für das chinesische Porzellan wichtigen Dynastien sind:

Shang-Dynastie	16.–11. Jh. v. Chr.
Chou-Dynastie	1122–221 (bis 771 frühere oder westliche Chou, danach spätere oder östliche Chou)
Konfuzius	551–479 v. Chr.
Han-Dynastie	206 v. Chr. – 220 n. Chr.
T'ang-Dynastie	618–907 n. Chr.
Sung-Dynastie	960–1279 (bis 1126 nördl. Sung-Dynastie, 1115–1279 südliche Sung-Dynastie)
Yüan-Dynastie (Mongolen)	1280–1367 (1260–1294 Regierung von Kublai Khan)
Ming-Dynastie	1368–1644
Ch'ing-Dynastie (Mandschu)	1644–1912

Die Marken, die das chinesische Porzellan seit der Ming-Zeit trägt, bedeuten die Regierungsnamen der einzelnen Kaiser, denn jeder Kaiser übernahm sein Amt unter einer Regierungsdevise, chinesisch: Nien-Hao. Die Marken erscheinen in Pinselschrift oder in der älteren, rechtwinkligen Siegelschrift.

Oft wurden diese Marken in China fälschlich und irreführend verwendet, so zum Beispiel, wenn in späterer Zeit ein verehrungswürdiges Erzeugnis einer vergangenen Epoche nachgeahmt wurde. So gab es in der späten Ming-Zeit Porzellan, das nach Vorbildern der frühen Ming-Zeit hergestellt worden war.

Neben den Kaisermarken, die nur in der kaiserlichen Manufaktur verwendet wurden, gab es natürlich auch Marken privater Manufakturen, von denen aber wenige von Bedeutung waren. Die Marken der kaiserlichen Manufaktur während der Ming-Zeit und während der Ch'ing-Zeit sind folgende:

MING-DYNASTIE
1368—1644

Hung Wu 1368—1396
erste Periodenmarke

Yung Lo
1403—1424

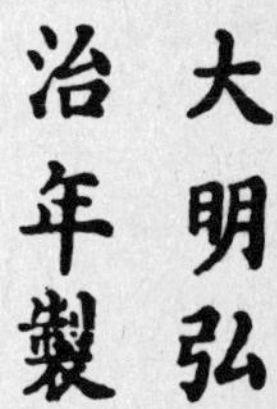

Hung Chih
1488—1505

Hsüan Tê 1426—1435
Höhepunkt der Mingzeit

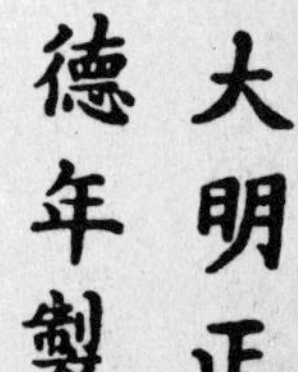

Chêng Tê
1506—1521

大明成化年製

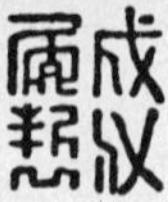

Ch'êng Hua
1465—1487

大明嘉靖年製

Chia Ching
1522—1566 Blütezeit

大明隆慶年製

Lung Ch'ing
1567—1572

大明天啓年製

Tien Ch'i
1621—1627

大明萬曆年製

Wan Li
1573—1619

崇禎年製

Ch'ung Ch'êng
1628—1643

CH'ING-DYNASTIE
1644—1912

大清順治年製

Shun Chih
1644—1661

大清康熙年製

K'ang Hsi 1662—1722
1628—1726 Direktor Tsang Ying-hsüan
Blütezeit

大清雍正年製

Yung Chêng
1723—1735
1726—1736 Direktor Nien Hsi-yao
Blütezeit

大清咸豐年製

Hsien Fêng
1851—1861
Revolte der T'ai P'ings

大清乾隆年製

Ch'ien Lung
1736—1795
1736—1753 Direktor T'ang Ying
Blütezeit, danach Verfall

大清同治年製

T'ung Chih
1862—1873

嘉慶年製

Chia Ch'ing
1796—1820

大清光緒年製

Kuang Hsü
1874—1907

大清道光年製

Tao Kuang
1821—1850

Die einzelnen Teile der Marken bedeuten:

Kaiser parole	化	大	groß (ta)
Jahr (nien)	年	明	Dynastie (z. B. Ming)
gemacht (chi)	製	成	Kaiserparole (z. B. Ch'êng Hua)

Von den Anfängen bis zur Ming-Zeit

Die Töpferscheibe ist eines der ältesten Zeugnisse menschlicher Kultur. Sie war schon im fünften Jahrtausend vor Christus in Mesopotamien bekannt. Ob sie von dort später den Weg nach China gefunden hat, ist nicht nachweisbar, doch den keramisch so begabten Chinesen ist möglicherweise auch eine eigene Erfindung im zweiten Jahrtausend vor Christus zuzusprechen.

Seit langem mit der Nutzung des Feuers vertraut, kannten die Chinesen schon während der Chou-Dynastie (1122–221 v. Chr.) ein dichtes graues Steinzeug, das porzellanähnliche Eigenschaften hatte, und später, nachweisbar im dritten Jahrhundert vor Christus, zur Zeit der ›Streitenden Reiche‹ (482–221 v. Chr.), gelangen die ersten undurchlässigen, farbigen Glasuren. Das waren die technischen Voraussetzungen für die Entwicklung des chinesischen Steinzeugs und Porzellans. Die Chinesen haben das Porzellan nicht erfunden wie im 18. Jahrhundert Johann Friedrich Böttger in Europa, sondern es hat sich allmählich aus dem Steinzeug entwickelt. Deshalb läßt sich auch kein genaues Entstehungsdatum angeben. Die Voraussetzung für das hohe Niveau, die bis zum äußersten gesteigerte edle Form und die große Geschmackskultur der chinesischen Kunst schufen die ethischen Lehren des Konfuzius (etwa 550 bis 480 v. Chr.), die das Geistesleben auf Jahrhunderte hinaus entscheidend beeinflußt haben. Konfuzius und sein Zeitgenosse Laotse, der Schöpfer des Taoismus, standen am Ende der magisch gebundenen Welt des Chou-Reiches und schon am Beginn einer neuen Zeit.

211 v. Chr. war China unter den Ch'in Kaiserreich geworden, das sich seit Beginn der *Han-Dynastie* (206 v. Chr. bis 220 n. Chr.) zu einem mächtigen Reich ausdehnte, ebenbürtig dem etwa gleichzeitigen Römischen Reich in Europa, dessen Streben zur Weltmacht um 500 v. Chr. begann (bis 493 n. Chr.). Der Stand der Keramik dieser Zeit spiegelte sich vor allem in erhaltenen Grabbeigaben, wie Hausmodellen, Menschen- und Tierfiguren in einfachen, ausdrucksstarken Formen. Die Chinesen waren Meister der Bronzekunst, und typisch sind Gefäße, die den Bronzevorbildern nachgeformt und mit einer grünen Glasur überzogen sind.

In diese Epoche fiel die Entstehung des Protoporzellans, dessen wichtigste Produkte die Yüeh-Erzeugnisse mit grüner Seladonglasur aus Chekiang waren (Yüeh = Küste).

In der darauffolgenden sogenannten ›Sechs-Dynastien‹-Zeit, in Wirklichkeit waren es etwa dreißig Dynastien, war nur die Wei-Dynastie von Bedeutung für die Keramik.

Die erste große Zeit für alle Künste und Wissenschaften kam während der *T'ang-Dynastie* (618—906). Der Buddhismus, schon im ersten Jahrhundert nach Christus durch Mönche in China eingeführt, hatte sich überall im Lande verbreitet und alle Bevölkerungsschichten ergriffen. Es entstanden erstmals größere Plastiken, die sich bis zu Monumentalstatuen steigerten. Eine neue, weltoffene Atmosphäre förderte den Handel mit allen ostasiatischen Ländern. Die Hauptstadt Ch'ang-an war internationaler Treffpunkt. China wurde Vorbild für Ostasien.

In dieser Zeit begann auch der Handel mit Keramik. Großzügige Gefäße, kräftig farbig glasiert, manchmal den unteren Teil freilassend; wunderschöne Kleinplastiken, glasiert und unglasiert, die wir als Grabbeigaben kennen; graziöse Tänzerinnen und Dienerinnen, deren Gewänder Aufschluß über die Mode geben; Reitpferde und Kamele, die die Habe ihrer Herren tragen; immer noch die hochgeschätzten Yüeh-Seladone mit feinem Unterglasurritzdekor, wie sie der Vordere Orient liebte, und das erste weiße Porzellan waren typisch für die T'ang-Zeit. Unglückliche soziale und politische Verhältnisse, vor allem die Verarmung der Bauern, führten dann zu Aufständen, von denen der größte 875 im südlichen Hopei die T'ang-Dynastie beendete. Nach einer Übergangszeit der ›fünf Dynastien‹ einte der erste *Sung-Kaiser* das Land.

Die Zeit der Sung-Dynastie (960—1279) gilt als die klassische Epoche der Literatur, der Künste und der Wissenschaften. Die da-

Baktrisches Kamel
Grabbeigabe für den Kanzler Liu

Keramik aus der T'ang-Dynastie (8. Jh. nach Chr.)

mals gesetzten Maßstäbe blieben lange unangetastet. Der Mann von Bildung wurde zum Ideal, die Kunst wurde vom Hof gefördert, und der Kaiser Hui tsung war selbst Maler. Unter solchen Bedingungen waren Höchstleistungen möglich. Die Keramik dieser Zeit ist die schönste, die China hervorgebracht hat, und später, noch in der Ming- und Ch'ing-Dynastie, wurden immer wieder die schlichten, vollendeten Formen und raffinierten, meist monochromen Glasuren nachgeahmt.

Es wurde wundervolles Steinzeug hergestellt, das gleichwertig neben dem Porzellan stand. So ist das *Ju-yao* aus der alten Hauptstadt Kai-fêng in Honan mit einer lavendel- bis taubenblauen, auch enteneierblau genannten krakelierten Glasur überzogen (yao = ursprünglich Brennofen, später Gebranntes = Töpferware), und das ebenfalls aus Honan stammende *Chün yao* ist lavendelblau mit unregelmäßigen blauroten Flecken. Durch Einwirkung von Kupfer entstand ein ›grünes Chün‹; die krakelierte Ware ist das ›weiche Chün‹. Das *Kuan yao* hat sich aus dem Chün entwickelt und ist ihm ähnlich, während das meist weiße *Ting yao* ein echtes Porzellan ist, recht fein, mit einer dünnen farblosen Glasur über dem eingeritzten oder geschnittenen Dekor mit Blumen, Vögeln oder Fischen. Diese Ware wurde kopfüber gebrannt, deshalb bekam der obere Rand zum Schutz einen Bronzering, und der Fuß war glasiert. Mit dem Verlust Nordchinas bis zum Huai-Fluß im Jahre 1142 an die Chin (Dschurdschen) wurde Hang-Chou zur neuen Hauptstadt, und die Öfen von Ting-chou wurden nach Ching-tê-chên verlegt. Auch das *Lung-ch'üan yao* aus Chekiang wird als Porzellan angesehen. Es hat einen harten, grauweißen, klingenden Scherben und eine vom matten Graugrün bis zum Blaugrün variierende Seladonglasur über eingeritzten Blattmotiven und Wellenmustern. Das *Ying-Ch'ing yao* heißt ›Schattenblau‹, weil die zartfarbige Glasur in den Vertiefungen dunkler erscheint. Es wird auch Ch'ing pai (Blauweiß) genannt und soll mit dem legendären Ch'ai-Porzellan verwandt sein, das »blau wie der Himmel durch einen Riß der Wolken nach dem Regen, klar wie ein Spiegel, dünn wie Papier und tönend wie ein Klangstein aus Jade« war. Es wurde in Kiangsi bei Ching-tê-chên, dem späteren Porzellanzentrum, hergestellt, und es ist anzunehmen, daß das erste Blauweiß-Porzellan auf das Ying-Ch'ing yao zurückgeht.

Aus der Provinz Fukien in Südchina kam das *Chien yao*, das sind kleine konische Schalen mit einer dunkelbraunen Glasur, die, meist dunkelsilberblau geädert oder gestreift, als ›Hasenpelz‹ bezeichnet wird. Sie läßt unten ein braunes unglasiertes Stück frei. In Japan erhielt diese Keramik die Bezeichnung ›Temmoku‹ und spielte seit dem 13. Jahrhundert eine große Rolle für den Teekult, der mit dem Buddhismus nach Ostasien gekommen, in Japan eine besondere Vervollkommnung und Vertiefung erfuhr.

In Honan gab es eine reizvolle, vielleicht durch Zufall entstandene Glasur mit kleinen silbernen Tupfen, die ›Öltupfenglasur‹.

Das *Tz'u-Chou yao* ist anders als alle im Typ. Seine Formen sind monumental, und die schwarze Unterglasurmalerei ist sehr interessant, großflächig und tuschmalereiartig. Bei dieser Ware kamen auch Ritztechnik und schon Emailauflagen vor.

Als Übergang zum Porzellan der mongolischen Eroberer kann man das mit dem Ying-Ch'ing yao verwandte *Shu-fu*-Porzellan bezeichnen, das während der Yüan-Dynastie in Ching-tê-chên hergestellt wurde.

1280 setzte Kublai-Khan, ein Mongole und Enkel Dschingis-Khans, die letzten Sung-Kaiser ab und gründete die *Yüan-Dynastie.*

Die chinesischen Werkstätten arbeiteten zunächst in der alten Weise weiter, und es ist oft schwer zu sagen, ob ein Stück der Sung- oder Yüan-Zeit angehört. Die Gefäßformen änderten sich nicht wesentlich, aber es entwickelte sich langsam ein neuer Dekorationsstil, wahrscheinlich durch die Einführung der von den Persern in Kashan erfundenen roten und vor allem blauen Unterglasurmalerei angeregt.

Die Chinesen nahmen die Bereicherung aus dem Vorderen Orient auf und schufen mit ihren großen Kenntnissen der Materie das Blauweiß-Porzellan, das seine Höhepunkte während der Ming-Zeit und noch einmal in der Ch'ing-Periode erlebte.

Die Malerei wurde in horizontalen, verschieden breiten Zonen angelegt und gab Pflanzenmotive, Tierfiguren und Fabelwesen wieder. Manches Motiv stammte von Stoffmustern oder von alten Stücken, die nachgeahmt wurden.

Ab 1325 kam es zu Aufständen gegen die mongolische Fremdherrschaft, die dazu führten, daß 1368 der ehemalige Mönch und Anführer von Aufständischen Chu Yüan-Chang in der neuen Hauptstadt Nanking zum Kaiser erhoben wurde. Er gab der mit ihm beginnenden Dynastie den Namen *Ming,* das heißt hell, klar.

Er selbst ist unter der Regierungsdevise Hung-Wu (umfassendes Kriegertum) bekannt.

Für das Porzellan erschien die erste Periodenmarke, und 1369 wurde in Ching-tê-chên, dem ehemaligen Ch'ang-nan-chên, das schon seit 800 v. Chr. eine Töpferstadt war, die Kaiserliche Manufaktur gegründet.

Die geographische Lage von Ching-tê-chên im Norden von Kiangsi war für ein Porzellanzentrum denkbar günstig, denn die benötigten Rohstoffe waren in der näheren Umgebung reichlich vorhanden, und die zerbrechliche Ware konnte auf dem Wasserwege zum Jangtse-kiang und damit sicher zu den großen Exporthäfen gebracht werden.

Schon in der Mongolenzeit stellte man hier das Blauweiß-Porzellan und das Shu-fu-Porzellan her, und auch unter Hung-wu soll dort eine weiße Ware hergestellt worden sein.

Das Porzellan hatte sich jetzt vor den anderen Keramiken die erste Stelle erobert. Es stand unter der Schirmherrschaft des Kaisers, und die kaiserlichen Werkstätten hatten den Hof zu beliefern. Nur dieses Porzellan bekam die jeweilige Periodenmarke. Was damals schon nach Europa gelangte, stammte aus den privaten Manufakturen von Ching-tê-chên.

Die Ming-Zeit läßt sich in drei Abschnitte unterteilen, die sehr unterschiedlichen Charakter haben.

Die Zeit unter den Kaisern mit den Regierungsdevisen *Yung-lo* (1402—1424), *Hsüan tê* (1426—1435) und *Chêng hua* (1465—1482) kann man die klassische bezeichnen. Eine Übergangszeit unter *Hung chih* (1488—1505) und *Chêng-tê* (1506—1521) leitete dann zu einer ganz andersartigen Spätzeit unter *Chia-ching* (1522 bis 1566), *Lung ch'ing* (1567—1572) und *Wan li* (1573—1619) über.

Die Regierungszeiten der letzten Ming-Kaiser T'ien-ch'i (1621 bis 1627) und Ch'ung-chêng (1628—1643) standen im Zeichen des Verfalls, und doch ist das Übergangsporzellan, das zwischen der Ming- und Ch'ing-Zeit von 1619 bis 1683 entstand, in England als ›english traditional wares‹ sehr gesucht. Unter Hung-wu, der gegen Mongolenüberfälle zu kämpfen hatte, entstand wenig ›offizielles‹ Porzellan, doch entwickelten die privaten Manufakturen das blauweiße und das rotweiße weiter und produzierten viele Seladone.

Der junge und schwache Enkel und Nachfolger Hung-wus blieb ohne Bedeutung für die Porzellangeschichte. Er wurde durch einen Staatsstreich abgesetzt, und einer seiner Onkel übernahm 1402 bis

1424 die Regentschaft unter der Devise Yung lo (Ewige Freude). Unter Yung lo wurde in Nanking die berühmte Porzellanpagode gebaut. Captain Crainville Lock hat sie 1842 gesehen. Nach seiner Beschreibung waren weiße, gelbe, rote und grüne Porzellanstücke wie Kacheln mit Mörtel an dem Turm befestigt, und nur die Ecktürmchen und Reliefs mit grotesken Ungeheuern waren angenagelt. Man kannte also Emailfarben, wenn auch das typische Porzellan weiß war, sehr fein im Material und in der Form und einen unter der Glasur eingeritzten oder mit Schlicker aufgetragenen Dekor trug, der erst im durchfallenden Licht wie ein Papierwasserzeichen sichtbar wird. Die Eleganz der Formen ist ein Kennzeichen der frühen Ming-Zeit; spätere Formen erscheinen dagegen robust.

Das Blauweiß-Porzellan war immer von dem zur Verfügung stehenden Kobalt abhängig. Da der einheimische nicht befriedigend war, muß man es als Glück für das Porzellan bezeichnen, daß nach einem aufwendigen Flottenmanöver unter dem Befehl des Eunuchen Cheng-ho im Gebiet der Ostindischen Inseln von den beeindruckten Staaten freiwillig Tribute gezahlt wurden — darunter war das Sumaliblau oder Mohammedaner-Blau aus Sumatra, das während der ganzen Hsüan-tê-Periode nach China geliefert wurde.

Das Unterglasurblau wurde der wichtigste Dekor der Epoche. Das Blauweiß-Porzellan, von den Zeitgenossen hochgepriesen, soll das schönste sein, das je hergestellt wurde.

Das Topkapi-Serail in Istanbul besitzt neben vielen Seladonen aus der Sung-, Yüan- und Ming-Zeit eine Anzahl dieser kostbaren Stücke.

Auch das Unterglasurrot gelang jetzt vollkommen. Es wurde, ähnlich wie das Blau, für einen noch sehr sparsamen Dekor verwendet, der das ganze Gefäß überzog. Die wunderbaren Fußschalen mit vereinzelten roten Fischen sind von letzter Ausgewogenheit. Die niemals dekadente Verfeinerung ist das Kennzeichen der Hsüan-tê-Periode, des Höhepunkts der Ming-Zeit, deren Zauber die Nachahmer bis ins 18. Jahrhundert erlagen.

Hsüan tê eiferte seinem Vorbild Hui tsung nach, dem Begründer des goldenen Sung-Zeitalters. Er war sehr kunstverständig und an der Porzellanherstellung interessiert und hatte in Chang-shan einen tüchtigen Direktor für seine Manufaktur. In dieser Zeit wurde erstmalig die Schmelzfarbenmalerei, manchmal in Verbindung mit Unterglasurblau, verwendet.

Nach Hsüan tê regierten zwei seiner Söhne. 1465 bestieg sein

Enkel mit der Regierungsdevise Chêng hua den Drachenthron. Er war ein schwächlicher Herrscher, aber seine Konkubine, die Dame Wen, entdeckte ihre Liebe für das Porzellan, und so gewann die Chêng-hua-Periode (bis 1487) trotzdem Bedeutung für das Porzellan. Die Überglasurmalerei (Fünffarbenmalerei mit Emailfarben) hatte ihre erste Glanzzeit. Sie wurde oft, sehr reizvoll in der Farbzusammenstellung, mit der Unterglasurmalerei in Blau kombiniert. Das Blau war in dieser Zeit etwas blasser geworden, denn man war wieder auf den heimischen Kobalt angewiesen. Die Malerei selbst begann sich zu verändern. Es gibt Palastschalen, an denen man den Übergang zu einem neuen Stil erkennen kann. Schwungvolle, locker gezeichnete, dabei großflächige Ranken zeigen betonte Umrißzeichnungen, die ziemlich einheitlich ausgemalt sind. Bis zur Chêng-tê-Periode war dann der Übergang endgültig.

Chêng-hua-Porzellan ist bis ins 18. Jahrhundert sehr viel nachgeahmt worden, und Marken fehlen oft, weshalb die Zuweisung auf Schwierigkeiten stößt. Erwähnt werden muß das Eierschalenporzellan (t'o-t'ai = körperlos), das in dieser Zeit entwickelt wurde. Außerdem gab es reizende kleine sogenannte Chicken cups, sehr gesuchte Schälchen, die mit Hühnern und Blumen bemalt sind.

Nach der Chêng-hua-Periode wurde das mit Emailfarbe bemalte Porzellan häufiger.

In den Übergangszeiten unter Hung chih (1488—1505) und Chêng tê (1506—1521) entstanden einige neue Gelbtöne, so das helle ›Kaiserliche Gelb‹ und das ›Reizende Gelb‹, die oft als Grundfarbe mit einer Malerei in Aufglasurblau zusammengebracht wurden. Auch der blaue Grund mit weiß ausgespartem Dekor war ungewohnt. In der Chêng-tê-Periode kam ein Blauweiß-Porzellan mit mohammedanischen Inschriften heraus. Außerdem gab es schöne Stücke in Emailfarben.

Um 1520 setzten neue Kobaltimporte ein, so daß die mit Chia-ching (1522—1566) beginnende späte Ming-Malerei ein leuchtendes tiefes Blau zeigte. Gerade diese Zeit, zu der auch noch die Wan-li-Periode (1573—1619) gehört, hat Europa stark beeinflußt. Durch die ausgefüllten Umrißzeichnungen wirkte der Dekor großflächiger und das ganze Stück voller. Szenen mit Menschen und Tieren in der Landschaft wurden häufiger, und eine leichte perspektivische Gestaltung entwickelte sich.

Unter Wan li, der extravagant und despotisch gewesen sein soll, steigerte sich zwar der Porzellanverbrauch des Hofes in einem

Jahr auf 34 200 Stück, aber der Dekor verlor an Charme, und Zeichnung und Farbwahl vergröberten sich.

Die Übergangszeit zwischen der Ming- und der Ch'ing-Dynastie unter den Kaisern T'ien-chi (1621–1627) und Ch'un-ch'êng (1628 bis 1643) gewinnt für Sammler und Forscher zunehmend an Bedeutung, denn es ist manches Überraschende in dieser Zeit der Unruhen in privaten Werkstätten entstanden.

Die monochromen Glasuren der Ming-Zeit sind nicht sehr häufig. Das Seladon steht an erster Stelle, dann Kobaltblau, Kupferrot und das Kaiserliche Gelb; seltener kamen Grün und Türkis vor, aber dafür gab es Weiß.

Aus einer Anzahl nicht so qualitätvoller privater Manufakturen, die neben der Kaiserlichen Manufaktur bestanden, ragte die von Tê-hua in der Provinz Fukien mit einer der schönsten Schöpfungen der Porzellankunst, dem *Blanc de Chine,* hervor. Tê-hua war die wichtigste Herstellungsstätte für dieses rahmfarbene bis weiße, auch gelbliche bis ins Rosa spielende undekorierte Porzellan mit seiner typischen dicken, glänzenden Glasur.

In dem weichen Material entstanden vor allem Plastiken. Immer wieder wurde die Göttin der Barmherzigkeit, Kuan Yin, dargestellt, bei der es sich ursprünglich um die Reinkarnation des Buddha handelte. Immer femininer werdend, nahm sie mit dem Auftreten der Jesuiten sogar Züge der Madonna an. Auch der hundertarmige Buddha, Laotse, der Stifter des Taoismus, der immer lachende Gott der Fröhlichkeit Putai und die fröhlichen Knaben Hoho waren beliebte Motive für das Blanc de Chine. Alle möglichen Tiere und Fabelwesen gab es als Räucherstäbchenhalter, auch kleine Szenen aus Romanen, brettspielende Chinesen und Tänzerinnen und Figuren und Gruppen von Europäern, die, oft karikiert dargestellt, ein Produkt der damals engen Berührung mit Europa waren.

Die Ch'ing-Zeit

Die Schwäche des Ming-Staates, innere Kämpfe und Verarmung des Volkes führten zur Eroberung des Landes durch die Mandschu-Tataren. Ihr Führer Abahai gab 1636 seiner Dynastie die Bezeichnung Daicing, das ist chinesisch Ta Ch'ing und bedeutet ›Große Klare‹, allgemein abgekürzt Ch'ing.

Auf den ersten Kaiser der Ch'ing-Dynastie, der China unter der Devise *Shun-chih* von 1644 bis 1661 regierte, folgten drei außergewöhnliche Herrscherpersönlichkeiten: der Sohn Shun chihs mit der Regierungsdevise *K'ang hsi* (1662–1722), dessen Sohn *Yung-Cheng* (1723–1735) und dessen Sohn *Ch'ien-lung* (1736–1795).

Eng verbunden mit diesen Kaisernamen und dem Porzellan sind die Namen von drei Direktoren der Kaiserlichen Manufaktur, deren Wirken für die Qualität des Porzellans entscheidend war. *Tsang Ying-hsüan* trat 1682 nach dem Wiederaufbau der geplünderten und zum Teil zerstörten Porzellanstadt in den kaiserlichen Dienst. Ihm folgten *Nien hsi-yao* (1726–1736) und *T'ang Ying* (1736–1753). Mit T'ang Yings Ausscheiden aus der Manufaktur ging die große Zeit des chinesischen Porzellans zu Ende. Etwa gleichzeitig begann der Verfall des Reiches Ende des 18. Jahrhunderts. Die nachfolgenden Kaiser *Chia-ch'ing* (1796 bis 1820), *Tao-Kuang* (1821–1850), *Hsien-Fêng* (1851–1861), *T'ung-Chih* (1862–1874), *Kuang-hsü* (1875–1908) und *Hsüan-Tung* (bis 1912) hatten nicht die Kraft, den schweren Unruhen, die auch eine Kunstentwicklung ausschlossen, zu begegnen. Bei dem größten bürgerkriegartigen Aufstand der T'ai-P'ings während der Regierung von Hsien-fêng wurde Ching-tê-chên 1853 zerstört. Der teilweise Wiederaufbau 1864 unter T'ung-chih konnte den alten Glanz nicht wiederherstellen. Aufruhr im Lande und Schwierigkeiten mit den europäischen Staaten, die in die Politik Chinas eingriffen, machten eine normale Entwicklung unmöglich.

Heute wird natürlich immer noch Porzellan in China hergestellt, aber es hat sich bisher kein neuer Stil entwickelt. Die Produktion bleibt auf gute Kopien der berühmten Porzellane der Vergangenheit beschränkt.

Das Porzellan der letzten großen Epoche ist durch hervorragendes technisches Können gekennzeichnet. Es war ein feines, dünnwandiges Porzellan, und dem Dekor waren keine Grenzen gesetzt. Die Freude, alle Mittel und Möglichkeiten zu beherrschen, barg die Gefahr der Übertreibung in sich. So bekam zeitweise der Dekor das Übergewicht, oder es wurden fremde Materialien dargestellt, was dem edlen Porzellan nicht gerecht ist. Andererseits entstanden jedoch große Kunstwerke.

Diese Zeit hat Europa stark beeinflußt, aber auch der europäische

Einfluß ist in China zu spüren. Viele Stücke stammen aus den privaten Manufakturen von Ching-tê-chên, manches war direkt für den Export gemacht, teilweise auf Bestellung europäischer Auftraggeber.

Als Vorbilder galten in China das Steinzeug der Sung-Zeit und das Porzellan der Sung- und Ming-Zeit. Sie wurden zwar häufig kopiert, doch entwickelte sich auch ein eigener Stil. Unverkennbar sind die straffen, eleganten Formen der K'ang-hsi-Zeit, eindrucksvoll die Riesengefäße, die dem europäischen Barockempfinden sehr entgegenkamen und Glanzstücke der Schlösser wurden. Leuchtende Farben der vielen neuen Glasuren bringen diese Meisterwerke großartig zur Geltung.

Hochgeschätzt war das *Lang yao* (Ochsenblut- oder Sang-de-bœuf-Glasur), vielleicht nach dem Gouverneur der Provinz Kiangsi benannt, der selbst eine Manufaktur hatte, oder nach einer mit der Töpferei verbundenen Familie Lang. Diese mit Kupferoxyd erzielten Glasuren spielen von Kirschrot und Blutrot bis Kastanie und zu den Rosatönen der berühmten *Pfirsichfarbe* (Peachbloom) oder zu *Bohnenkernrot.* Auch altrosa Glasuren mit grünen Flecken, braunrote Glasuren mit rosa Stellen und die geflammten Glasuren gehören zu dieser Gruppe.

Gegen Ende des 17. Jahrhunderts kamen neue Grüntöne auf mit treffenden Bezeichnungen wie *Schlangenhautgrün, Blattgrün* und *Apfelgrün,* das zartfarbig und oft krakeliert war.

Monumentalvasen gab es in Blauweiß und in *Kobaltblau;* andere Nuancen waren das *Pulverblau* (Powder-blue), auch mit feiner Goldbemalung und Reserven; das blaßlavendelblaue *Clair de lune,* eine in Frankreich sehr beliebte Glasur der Yung-Chêng-Zeit; und eine tiefblaue Glasur, *Mazarinblau* genannt. Kobalt mit Mangan ergab eine glänzende, schwarze Glasur, das *Spiegelschwarz* (Mirror-black).

Eine der schönsten monochromen Glasuren blieb die *Seladonglasur* in ihren matten Grüntönen, den alten Vorbildern entsprechend meist über einem Ritzdekor.

Von den gelben Bleiglasuren wurde das *Kaiserliche Gelb* beibehalten, neu kamen hinzu *Aalhautgelb* und *getupftes Gelb.* Eine schöne braune Glasur nennt man *Café au lait.*

Die türkisfarbenen Glasuren unterschieden sich wenig von denen der Ming-Zeit.

Das *Blauweiß-Porzellan* war in der Kaiserlichen Manufaktur wie in den privaten Manufakturen von hoher Qualität. Man verstand den heimischen Kobalt jetzt so zu reinigen, daß er eine gute dunkelblaue Farbe hergab. Die Malerei war klar, ohne verwischte Linien und ohne die schwarzen Fleckchen, die früher durch Verunreinigungen auftraten und noch auf Kopien älterer Stücke absichtlich angebracht wurden. Blauweiß-Porzellan war auch mit blauem Grund und ausgesparten weißen Motiven sehr beliebt. Am bekanntesten sind Ingwerdosen mit blauem krakelierten Grund (wie brechendes Eis) und weißen Pflaumenblütenzweigen.

Die Malerei mit Emailfarben stützte sich auf die Erkenntnisse der späten Ming-Zeit und wurde zur Vollendung gebracht.

Die *Dreifarbenmalerei,* direkt auf den gebrannten Scherben (Email sur biscuit), kannte bisher die Farben Türkis, Aubergine, Grün und Gelb, aber für die K'ang-hsi-Zeit wurden große, elegante Balustervasen in Email sur biscuit mit schwarzem, grünem oder gelbem Grund typisch, auf dem blühende Pflanzen zwischen Felsen nach oben streben. Sie wurden je nach ihrer Grundfarbe der *famille noir,* der *famille verte* oder der *famille jaune* zugeordnet.

Famille noire ist bei Fälschern sehr beliebt, da ein später aufgebrachtes Schwarz alles verdecken kann.

Figürliches Porzellan, Götterdarstellungen, buddhistische Löwenpaare als Fidibushalter, Vögel, Reiter, Knaben als Kerzenhalter, Kylins und kleinere Gegenstände wurden meistens in Email sur biscuit farblich hervorragend dekoriert.

Auch die *Fünffarbenmalerei* brachte eine berühmte *famille verte* mit Grün als dominierender Farbe und Eisenrot, Schwarz und einem Emailblau statt des Unterglasurblaus der Ming-Zeit hervor.

Die Motive für die Bemalung des Blauweiß-Porzellans waren dieselben wie für das farbige Porzellan. Naturalistisch gemalte figurenreiche Szenen in der Landschaft oder in Innenräumen und die drei taoistischen Götter des Glückes, des Ranges und des langen Lebens mit den gleichbedeutenden Symbolen Fledermaus, Kranich und Kiefer waren häufige Motive. Auch Vögel, blühende Pflanzen in felsiger Landschaft und spielende buddhistische Löwen und Drachen kehren immer wieder.

Die Bemalung mit ganzen Bildern oder die Übertragung von Buchillustrationen auf das Porzellan ergeben eine zu starke Bildwirkung. Das kaiserliche Porzellan war schlichter bemalt. Mit kunstvollen Randbordüren wurde besonders das Exportporzellan verziert. Neu waren die Reserven, die den einfarbigen Fond der

Gefäße unterteilen. Ihre verschieden geformten Flächen sind mit Blumen und Vögeln bemalt.

Im Jahre 1712 besuchte der Jesuitenpater Pierre d'Entrecolles die Porzellanstadt Ching-tê-chên, die damals eine Million Einwohner und 3000 kaiserliche und private Öfen in Betrieb gehabt haben soll. Die detaillierten Beschreibungen des Paters von der Stadt, der Porzellanherstellung und ihrer Organisation sind uns in zwei Briefen an Pater Orry in Paris von 1712 und 1722 erhalten geblieben. Der kleine Auszug über die Malerei gibt ein Bild von der Fließbandarbeit und Massenproduktion der damaligen Zeit.

»Das Bemalen wird innerhalb der Werkstatt an eine große Anzahl von Arbeitern verteilt. Ein Mann malt nichts als die erste Farblinie um den unteren Rand, ein anderer zeichnet die Umrisse der Blumen, und ein dritter füllt sie aus. Dieser malt nur Wasser und Berge, jener nur Vögel oder sonstige Tiere. Menschliche Figuren werden im allgemeinen den Ungeübtesten übertragen.« An einer anderen Stelle erfährt man, daß ein Gefäß bis zu seiner Fertigstellung durch etwa siebzig Hände geht.

Außer der Malerei gab es noch andere Arten der Dekoration mit plastischer Wirkung. Bei der schon in der frühen Ming-Zeit entwickelten *›Verborgenen Verzierung‹* (an-hua) entstand durch aufgetragenen Schlicker eine Dekoration, die nur im durchfallenden Licht wasserzeichenartig erscheint. Bei der sogenannten Reiskorntechnik ergab sich die leichte und durchsichtige Wirkung durch eine perforierte Verzierung, die durch die Glasur verschlossen wurde. Die Japaner nennen das sehr treffend Glühwürmchen-Porzellan.

Schon gegen Ende der K'ang-hsi-Zeit machte sich die Neigung zu zarteren Farben bemerkbar. In der ›famille verte‹ erschien ein Rosa, und mit der Zeit begannen Rot- und Rosatöne in allen Schattierungen in der Malerei zu überwiegen. Die ›famille rose‹, die ›Malerei in fremden Farben‹ oder ›Malerei in weichen Farben‹, bei der Goldpurpur aus Europa verwendet wurde, bestimmten das Porzellan während der Yung-Chêng-Zeit (1723–1735) und der Ch'ien-lung-Zeit bis 1795.

Es besteht bei ›famille-rose‹-Dekor die Möglichkeit, etwas ›süß‹ zu sein, aber die qualitätvollen Stücke dieser Spätzeit lassen das vergessen. Da dieses Porzellan dem europäischen Geschmack des Rokoko entgegenkam, wurde es besonders viel exportiert.

Das feinste Porzellan der ›famille rose‹ gehört zu dem Ku-Yüehhsüan, das heißt ›alte Mondterrasse‹, dessen beste Stücke zwischen

1727 und 1753 entstanden. Es war sehr selten und nur für den kaiserlichen Gebrauch bestimmt. Zarte Blütenzweige, mit und ohne Vögel, schmücken die graziösen Gefäße, Schalen und Teller. Es gibt auch einige Stücke mit Landschaften, aber selten mit Menschen. Immer ist ein poetisches Gedicht dazugesetzt, manchmal aus der kaiserlichen Feder, denn Ch'ien-lung, ein Kunstmäzen und Sammler von Sung-Steinzeug, betätigte sich auch als Dichter und Kalligraph.

Das Geheimnis der Herstellung ging mit dem Tode des Direktors der Kaiserlichen Manufaktur verloren. Nach 1750 begann der Verfall. Maßlosigkeit im Dekor und Oberflächlichkeit in der Wahl der Motive wurden zur Regel. 1912 mußte der letzte Kaiser abdanken, und China wurde Republik.

Chinesischer Drachen

Über die Symbolsprache der chinesischen Malerei

Die schöne Malerei auf chinesischen Porzellanen, ob einfarbig oder mehrfarbig, ist nicht nur als Dekoration zu verstehen, sondern sie hat fast immer eine symbolische Bedeutung. Es erfordert sehr viel Kenntnis, um alle Zusammenstellungen verschiedener Dinge, Verschmelzungen und Sinnbilder richtig zu deuten, deshalb soll hier nur auf die wichtigsten Symbole eingegangen werden.

Eines der markantesten Embleme in der chinesischen Kunst ist der Drachen, ein Fabeltier, dessen Ursprung in dem alten Schlangenkult zu suchen ist und das eine Verschmelzung von Regen und Fruchtbarkeit darstellt. Der Drachen ist das kaiserliche Wappentier. Er wird in neuerer Zeit immer mit fünf Klauen dargestellt.

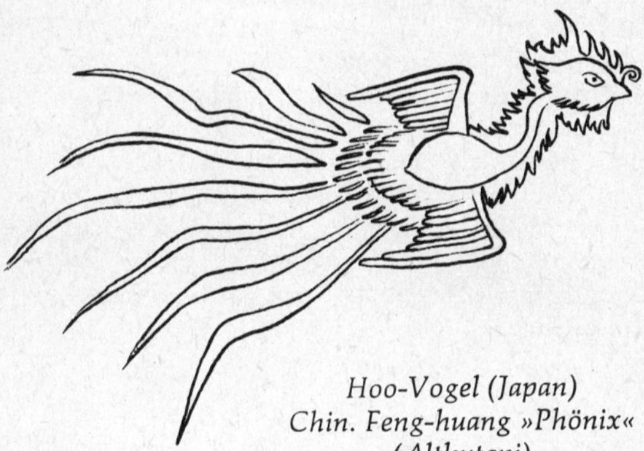

Hoo-Vogel (Japan)
Chin. Feng-huang »Phönix«
(Altkutani)

Der Phönix ist aus Fasan und Pfau gebildet worden. Wie der chinesische Name Feng huan zeigt, vereinigt er das männliche (feng) und das weibliche (huang) Prinzip. Er ist unsterblich und kündet glückliche Ereignisse an, besonders glückliche Regierungszeit eines Kaisers. Fünf Farben in seinem Gefieder bedeuten die fünf Kardinaltugenden Güte, Treue, Selbstzucht, Weisheit und Vertrauen.

Ein einhornähnliches Fabeltier mit Drachenkopf und Hirschhufen ist das Kilin. Es ist wie der Feng huang Vorbote glücklicher Ereignisse. Vor allem plastisch werden Löwen und Hunde des Fô dargestellt. Sie bewachen zu zweit die Hauseingänge.

Chi'-lin

Von den Menschendarstellungen sind für Europäer die des Buddha und Laotse am verständlichsten, weniger die der Jünger des Buddha, der 16 Arhats oder Lohans und der acht Unsterblichen. Der taoistische Shou Lao, der vergöttlichte Laotse, erscheint als alter Mann auf einem Hirsch oder sitzend. Die Attribute Ju-i Szepter oder Pfirsich bedeuten langes Leben. Pu tai, der Gott der Zufriedenheit, ist ein wohlgenährter, immer vergnügt lächelnder älterer Mann.

Die Göttin der Barmherzigkeit, Kuan yin, wird immer als Plastik, besonders in Blanc de Chine, dargestellt.

Päonie

Chrysantheme

Lotus

Die abgebildeten Tiere und Pflanzen sind alle Sinnbilder. Einige von ihnen stehen in Gruppen zusammen, die immer wiederkehren und meistens Glück und langes Leben bedeuten, wie die ›Freunde der kalten Jahreszeit‹, die Kiefer, der Bambus und die Pflaumenblüte. Pfirsich, Fingerzitrone und Granatapfel verheißen dazu noch viele Söhne. Jahreszeiten und Monate sind durch Blumen gekennzeichnet. Die Päonie kündet den Frühling an, der Lotus, ein Symbol der Reinheit, bedeutet Sommer, die Chrysantheme Herbst und Blütenzweige des Pflaumenbaumes Winter. Pflaumenblüten, Symbol für unberührte Schönheit, denn sie erscheinen vor den Blättern, sind auch das Zeichen für den Januar, der Pfirsichbaum, ein taoistisches Symbol des Paradieses, für Februar. Die Frühlingsblume, die Päonie, ist das Zeichen für März und die Kirschblüte für April. Der Mai hat die Magnolie, Juni die Granatapfelblüte, Juli den Lotus, August die Birnenblüte und September die Malve. Chrysantheme, Gardenie und Mohnblume sind die Sinnbilder der drei letzten Monate des Jahres.

Pflaumenblüten
(Prunus)

Aus dem Reich der Tiere bedeutet die Ratte Reichtum. Der Hund kündet etwas Gutes an. Er wird auch bei Geburts- und Hochzeitszeremonien verwendet. Tiger und Schlange halten Krankheiten fern, der Hirsch ist das Reittier des Laotse. Das Pferd gilt als Sinnbild der Weisheit, der Fasan ist der Ausdruck für Schönheit, und Schmetterlinge und Enten paarweise bedeuten eheliches Liebesglück. Fische bringen immer Glück. Oft erscheint die Fledermaus.

Fledermaus

Das Schriftzeichen für ihren Namen ist in der Aussprache gleichlautend mit Glück (fu). Wortspielerisch kann der Hirsch (lu) für reiches Einkommen (lu) stehen, oder die Pflaumenblüte (me) wird für ›immer wieder‹ (me) gebraucht.

Eine große Rolle spielen Zahlen. Es gibt die fünf Tugenden, fünf Segnungen, die acht Glückskleinode (buddh.), acht kostbare Dinge, acht Genien, Unsterbliche und Musikinstrumente. Die neun ist die höchste einstellige Glückszahl, und neun Himmel verheißen größtes Glück.

Symbole können auch als Marken erscheinen. Das bekannte Yang Yin, eine Verschmelzung aus männlich Yang und weiblich Yin, ist Sinnbild des dualistischen Schöpfungsprinzips. Es kann beispielsweise die Gegensätze Sonne und Erde (oder Mond) oder Feuer und Wasser und Himmel und Erde darstellen.

Der endlose Knoten Chang, ein buddhistisches Zeichen, bedeutet wie das Zeichen Shou langes Leben. Auch das Glück (fu) hat seine besondere Marke.

Verdoppelungen verstärken die guten Wünsche, wobei nicht nur gleiche Symbole, sondern oft auch verschiedene, gleichbedeutende zusammengestellt werden. Z. B. können Kranich und Hirsch, die beide hohes Alter bedeuten, in einem Dekor erscheinen.

Ying Yang = Sinnbild dualistischen Schöpfungsprinzips

Shou = langes Leben

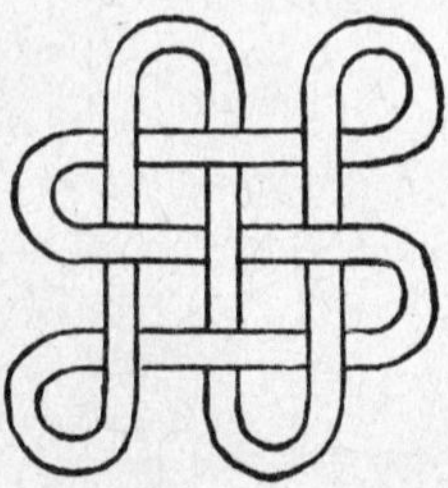

Chang
Engloser Knoten = langes Leben
ein buddhistisches Sinnbild

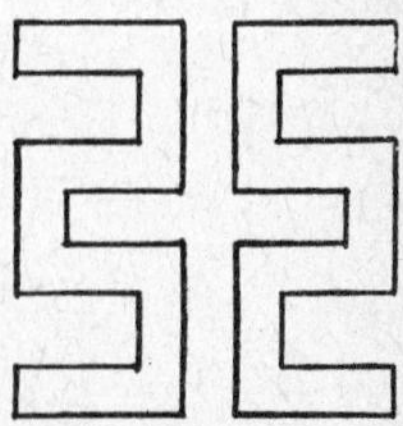

Fu
Glück

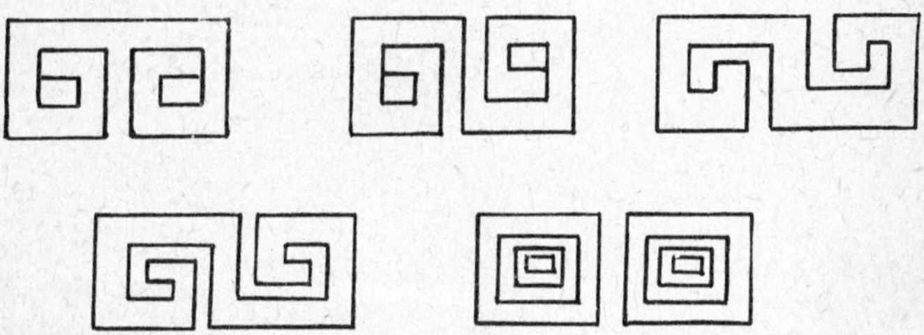

Lei-wen = Donnermuster

Von den linearen Ornamenten ist das Donnermuster (Lei-wên) eines der häufigsten. Es hat Ähnlichkeit mit dem griechischen Mäander, der durch den Handel mit Indien und Persien auch bis nach China gekommen ist. Der chinesische Mäander war bis etwa zur Hanzeit nicht fortlaufend wie der griechische. Eine Spiralenform könnte die älteste sein.

Wolken

Immer wieder trifft man auf das Kleeblattornament und auf Wellen- und Wolkenornamente. Fünffarbige Wolken drücken fünffaches Glück aus.

Kleeblattornament

Wellen

Große Mengen können durch Ranken oder Hakenkreuz als unendlich gekennzeichnet sein.

Der chinesische Porzellanexport

Schon zur Zeit der T'ang-Dynastie (618–907) begann der Handel mit Keramik. Im 14. Jahrhundert wurde unter der Yüan-Dynastie das erste blauweiß bemalte Porzellan ausgeführt, und während der Ming-Zeit wurde laufend weiter exportiert. Die Qualität der Exportware entsprach in dieser Zeit noch der des heimischen Porzellans. Erst in der Ch'ing-Zeit trat eine entscheidende Änderung ein. Allerdings erreichte das Porzellan damals noch nicht Europa. Hauptabnehmer war Vorderasien, und zwei berühmte Sammlungen zeugen noch heute davon. Die eine ist eine Schenkung des Schahs Abbas des Großen 1611 an den Schrein von Ardebil, heute in Teheran, und die andere ist die schon erwähnte Sammlung der Sultane von Istanbul. Beide Sammlungen besitzen frühes klassisches Ming-Porzellan in Blauweiß und Seladone seit der Sung-Zeit.

Der Handel mit Europa entwickelte sich erst ab 1516 durch die Portugiesen und verstärkte sich, als Portugal 1557 in Macao an der südchinesischen Küste eine Handelsniederlassung bekam. Für Portugiesen wurde dann der erste europäische Dekor geliefert (Chêng-tê-Periode [1506–1521]).

Um 1600 entstanden die ersten Ostindien-Kompanien, und Holland begann sich für den Porzellanhandel zu interessieren. Es war die Zeit des Kaisers Wan-Li, also späte Ming-Zeit, als das Porzellan an Qualität verlor.

Während der Ch'ing-Zeit ging der Handel rege weiter, und England übernahm vor allen anderen europäischen Ländern gegen Ende des 17. Jahrhunderts die Führung. 1784 kamen auch die USA dazu. Das Exportporzellan, das sich inzwischen entwickelt hatte, war jedoch nicht immer von guter Qualität. Die chinesischen privaten Manufakturen begannen sich nach den Wünschen ihrer Auftraggeber zu richten. Die Holländer hatten damit angefangen, Holzmodelle als Vorlagen zu liefern, und seitdem spricht man von ›China auf Bestellung‹. Alle möglichen Modelle wurden zum Nacharbeiten nach China geliefert: Bierkrüge, Apothekergefäße, Möbelbeschläge, Besteckgriffe, Silber- und Zinngefäße, Fayencen und Wappen für Service.

Die Chinesen erfüllten alle Wünsche, kopierten Architekturbilder, Jagdszenen, klassische und christliche Motive, die verschiedenen europäischen Stile und auch Figuren aus Meißen, einige ganz originell mit chinesischem Gesichtsausdruck.

Kamingarnituren und Schrankbekrönungen in Form von fünf Vasen (drei Deckelvasen und zwei Bechervasen), die man in Europa so liebte, wurden neben vielen kleinen Dingen in Mengen ausgeführt. Vieles wurde für den Export bewußt gefälscht, auch japanisches Imari-Porzellan.

Porzellanhändler ließen sich klingende Namen für neue Porzellansorten einfallen wie: ›Mandarinporzellan‹ (18. Jahrhundert, Dekor: Kostümfiguren in Aufglasurmalerei mit Goldpurpur, Eisenrot, Unterglasurblau und Gold), ›Bataviaporzellan‹ (18. Jahrhundert, Dekor: Malerei in ›famille rose‹ in Aussparungen einer kaffeebraunen Glasur), ›Nankingporzellan‹ (18. und 19. Jahrhundert, Dekor: Netzmuster mit Seelandschaften in Unterglasurblau und Gold) oder ›Kantonporzellan‹ (18. und 19. Jahrhundert, Dekor: in Unterglasurblau gemalte Schiffe und chinesische Landschaften).

Der Höhepunkt des Exports lag zwischen 1760 und 1780, dann ging die Konjunktur immer mehr zurück. Der Markt war gesättigt, und die europäischen Manufakturen wurden eine beachtliche Konkurrenz. Die Amerikaner blieben noch im Geschäft, bis Mitte des 19. Jahrhunderts Ching-tê-chên zerstört wurde. Für sie lieferten die Chinesen seit 1780 einen Dekor, ›Fitzhughborder‹ genannt, der in Unterglasurblau auf einem Stück das USA-Wappen an Adlerschwingen, Mosaik, Mäander, blühende Zweige, Schmetterlinge und chinesische Motive vereint.

Sicher wurde kostbares chinesisches Porzellan vereinzelt schon früh nach Europa gebracht, aber das kaiserliche Porzellan erreichte Europa erst, als der letzte Ch'ing-Kaiser 1912 abdanken mußte und der Palast geplündert wurde. Da das kaiserliche Porzellan nur für den Hof bestimmt war, durfte es auf keinen Fall ausgeführt werden.

Von diesen Schätzen ist vieles nach England, Amerika und Japan gegangen.

Typische Formen der chinesischen Gefäße

Rouleauvase

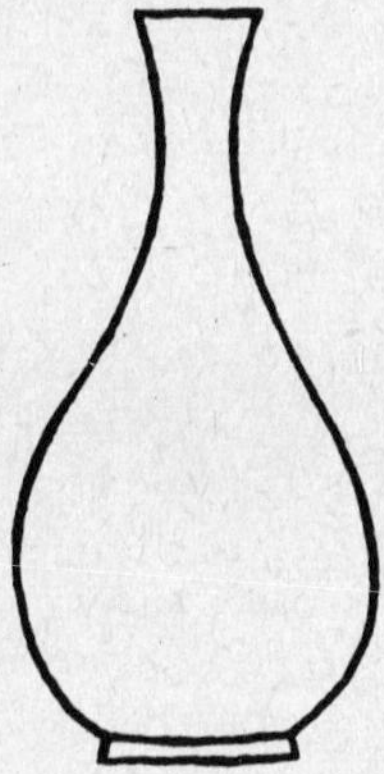

birnenförmige Flaschenvase

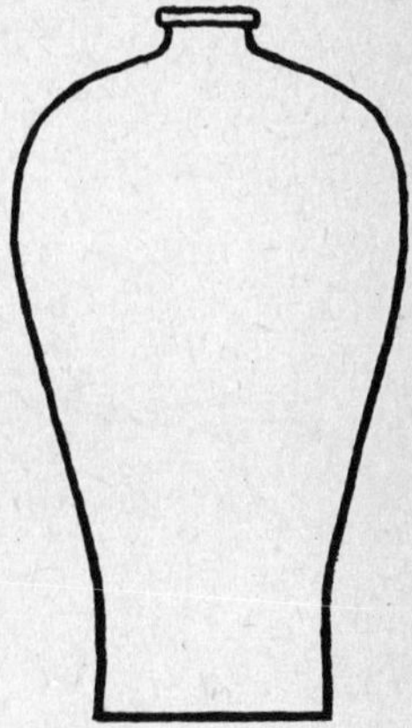

Blütenvase (Mei Ping)

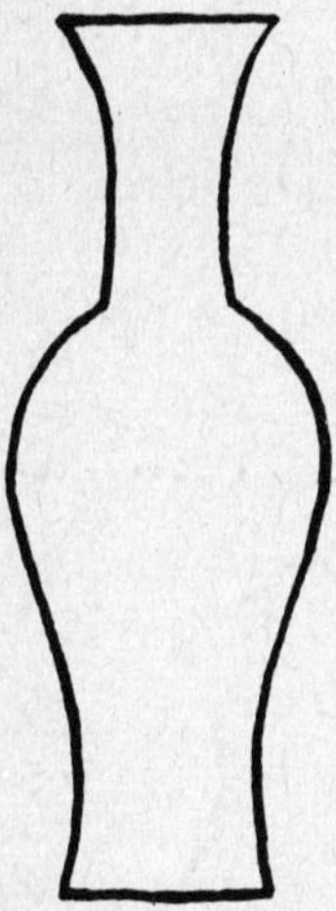

Yen-Yen-Vase

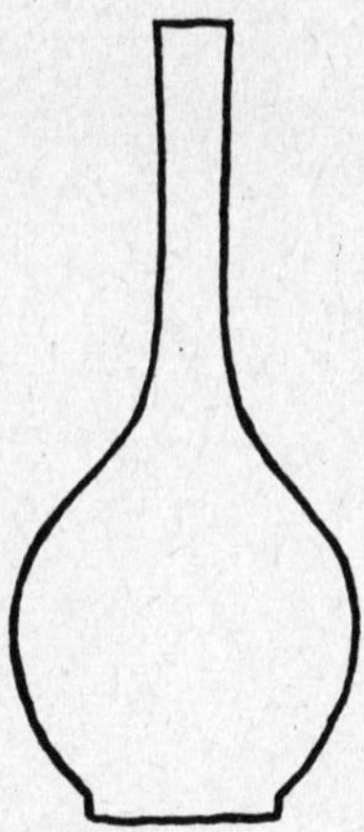

Langhalsflasche

Vase mit ringförmigen Henkeln

Weinkrug

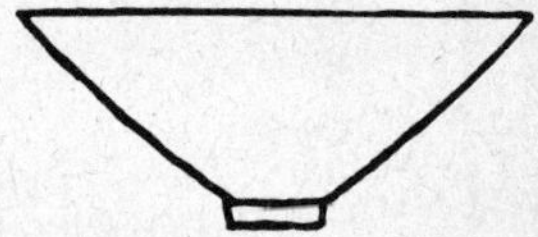

konische Schale

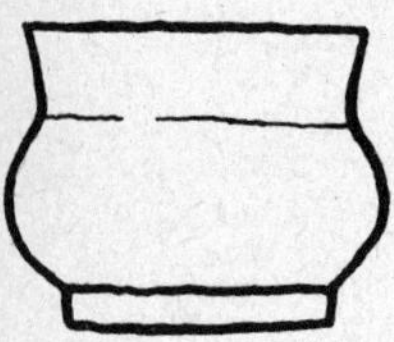

Ley-Vase

frühes Tongefäß

viereckige Balustervase

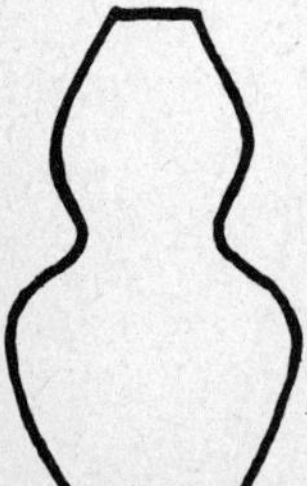

Flaschenkürbisvase

zwiebelförmige Vase

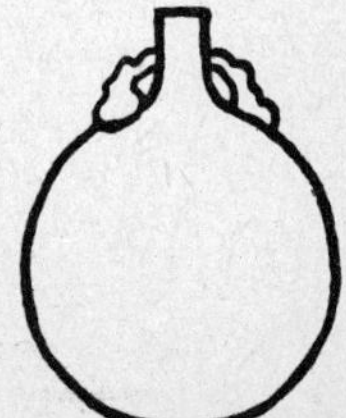

Pilgerflasche

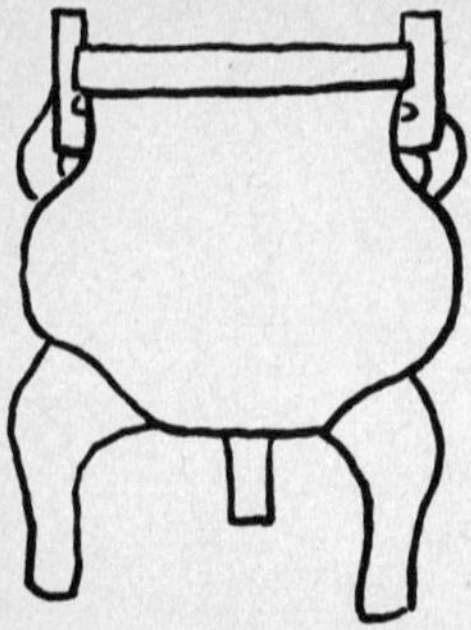

Räuchergefäß (Ting-Periode)

Kanne nach persischem Vorbild

Trinkschale

Fußschale

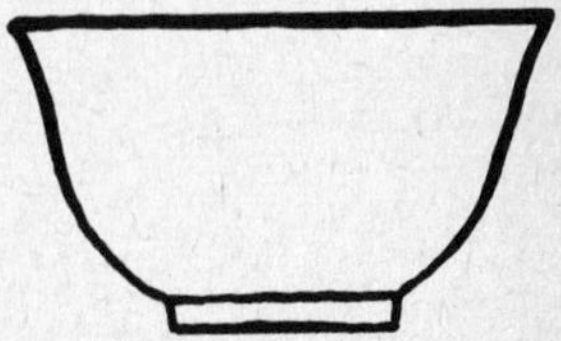

Schale

In Europa beliebte Kamingarnitur mit zwei Kelchvasen und drei Deckelvasen

CHINA
Peking
Ting-chou
HOPEI
SHANSI
SHANTUNG
alter Lauf d. Hoang-ho
Gr. Kanal
GELBE M
Chang-an
Hoang-ho (Gelber Fluß)
K'ai-feng
SHENSI
KIANGSU
Shêng-yang
HONAN
HUPEI
ANHUI
Nanking
Jangtse-kiang
Shanghai
Yüeh-chou
Ching-tê-chên
HUNAN
Chi-chou
CHEKIANG
KIANGSI
FUKIEN
Tê-hua
KUANTUNG
Swatow
FORMOSA
Si-Kiang
Kanton
Macao
SÜDCHINESISCHES MEER

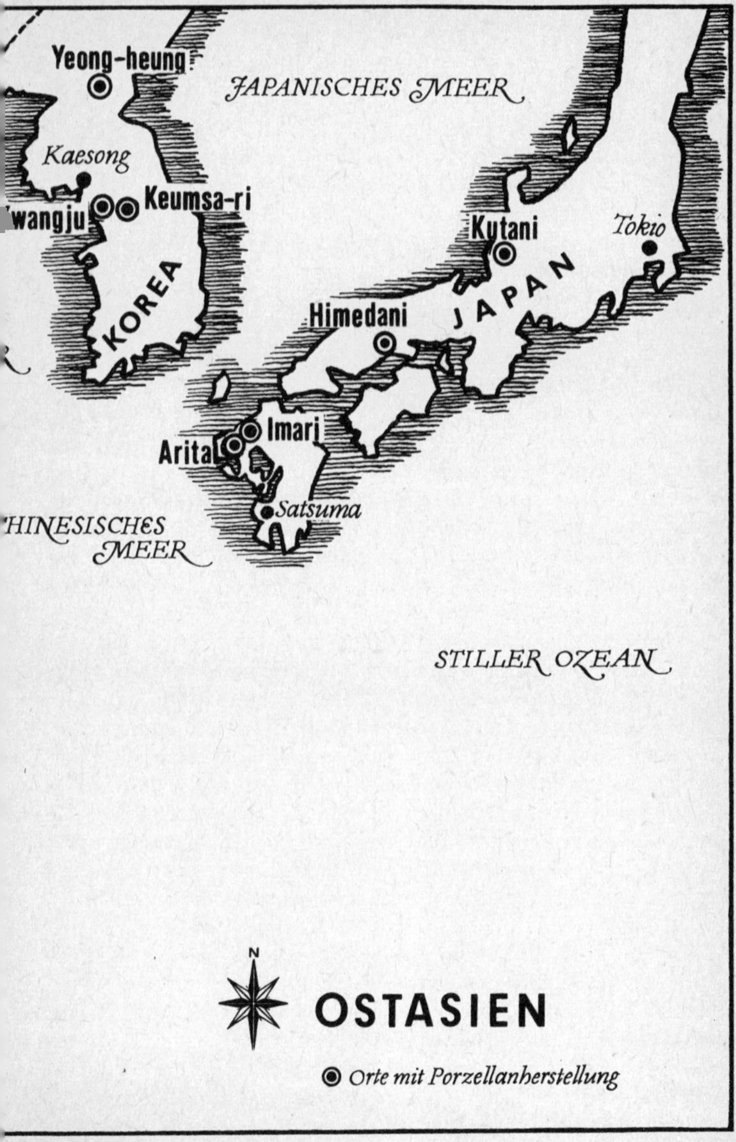

Yeong-heung
JAPANISCHES MEER
Kaesong
Keumsa-ri
wangju
KOREA
Kutani
Tokio
JAPAN
Himedani
Imari
Arita
Satsuma
HINESISCHES MEER
STILLER OZEAN
N
OSTASIEN
Orte mit Porzellanherstellung

Koreanisches Porzellan

Korea lag im Einflußbereich Chinas. Schon während der Han-Zeit mußte es 108 vor Christus eine Eroberung hinnehmen. Trotzdem hat sich dort eine ganz eigene Kultur entwickelt. Die Keramik läßt die chinesischen Einflüsse ahnen, ist aber etwas typisch Koreanisches geworden. Das Steinzeug ist bis ins sechste Jahrhundert nach Christus zurückzuverfolgen, bis in die Silla-Periode, die bis 900 währte. Die darauffolgende Koryo-Dynastie wurde die Blütezeit für die koreanische Keramik. Im 10. Jahrhundert entstand ein Protoporzellan, im 11. Jahrhundert das erste weiße Porzellan.

34 Könige haben fast 500 Jahre lang (918–1392) die Halbinsel in Frieden regiert. Die ungestörte Entwicklung führte auf fast allen Gebieten zu großen Leistungen.

Die Hauptstadt Kaesong war gleichzeitig Kulturzentrum. Hier entstanden hochwertige Seladone. Obwohl von der großen chinesischen Klassik, der gleichzeitigen Sung-Zeit, beeinflußt, haben sie ihre ganz eigene Note. Die Bezeichnung *›Eisvogelglasur‹* spricht für besonders schöne Farbtöne.

In 18 Keramikzentren mit insgesamt etwa 150 Öfen wurden andere typisch koreanische Waren gebrannt: Keramiken mit eingelegtem Dekor unter der Seladonglasur; schwarz oder braun unter der Glasur bemalte oder mit weißer Engobe (aufgeschlämmte Scherbenmasse) begossene, die vom chinesischen T'zu-chou-yao angeregt waren; edelste Teekeramiken wie der *Kómogai-Typ* mit fein krakelierter elfenbeinfarbener Glasur; schwarzglasierte Gefäße, *Kôrai-Temmoku* genannt; und weißes Porzellan von sehr guter Qualität. Typische Dekors für alle Monochromen waren stilisierte Pflanzen und Vögel, die meist mit Hartholzmodel eingepreßt wurden.

Auch die Yi-Dynastie (1392–1910), die die Koryo-Dynastie ablöste, gab dem Land eine lange Friedenszeit, die nur von Überfällen der Mandschu-Tataren und des japanischen Feldherrn Toyotomi Hideyoshi, der von 1592 bis 1598 vergeblich versuchte, Korea zu erobern, unterbrochen waren. Koreanische Töpfer, die dieser Feldherr von seinen kriegerischen Überfällen mitbrachte, führten dann in Japan die Porzellanherstellung ein.

China: Schlichte Gefäße der klassischen Sung-Zeit, 960—1279 (oben) — Aus der Ming-Zeit (1368—1643) stammt die kleine Blanc de Chine-Vase mit plastischer Eidechse (unten links) und die Göttin der Barmherzigkeit (Kuan Yin), ebenfalls Blanc de Chine (unten rechts)

O. l.: Gefäß aus Tzu'chou (Hopei), Sung-Zeit, 10. Jh. Dunkle, tuschartige flächige Malerei auf weißer Engobe (Beguß aus Scherbenmasse), glasiert — o. r.: flaschenkürbisförmige Kanne mit Tierhenkel, Ming-Zeit, 16. Jh. — u. l.: Vase aus der Zeit des Kaisers K'ang hsi, 1662—1722 — u. r.: typische Balustervase der K'ang hsi-Zeit mit aufsteigendem Blütendekor in Emailfarben, famille noire

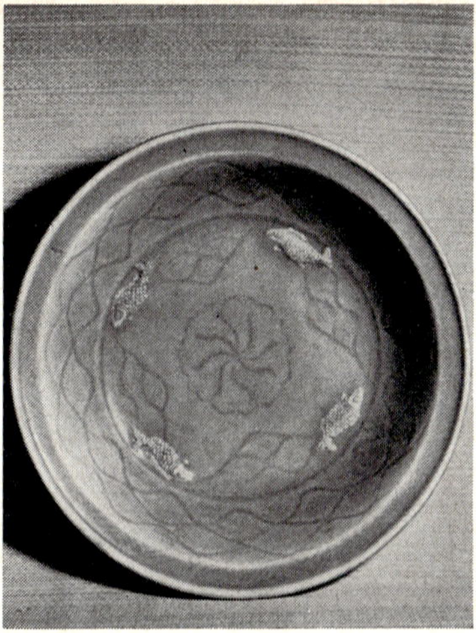

Oben: Seladon-Teller,
Unterglas-Ritzdekor,
aufgesetzte Fisch-Reliefs,
Yüan-Zeit (1279—1368)

Rechts oben und Mitte:
Blauweiß-Porzellan, 1. der
frühen Ming-Zeit um 1420,
2. um 1650

Rechts:
K'ang hsi-Zeit (1662—1722)
Dekor in famille verte

Deckelvase, K'ang hsi-Zeit, mit famille verte-Dekor

Das weiße Porzellan war in Korea schon seit dem 15. Jahrhundert dem von China (Yüan- und Ming-Zeit) angeregten blauweißen und rotweißen unter der Glasur bemalten Porzellan gewichen. In Kwangju, südlich Kaesong, entwickelte sich diese Porzellanherstellung zu beachtlicher Höhe und brachte gute Ausfuhrzahlen. Aber dann nahm die Ausstrahlung der Ch'ing-Dynastie auch dem koreanischen Porzellan sehr viel von seiner Eigenart, und mit Ende des 18. Jahrhunderts setzte auch hier der Verfall ein.

Japanisches Porzellan

Auch Japan blickt auf eine hochentwickelte Keramiktradition zurück, die aber erst richtig einsetzte, als der Zen-Buddhismus und mit ihm die ersten Teesträucher von dem Priester Eisai um 1200 von China nach Japan gebracht wurden. Zen, ein in China entwickelter Meditations-Buddhismus, gelangte in Japan zu seiner besonderen, vertieften Form. Die damit eng im Zusammenhang stehende Teezeremonie, der ›Teeweg‹, der zur Erleuchtung führt, erforderte neben den Geräten eine besondere Keramik. Der japanische Töpfer Tōshirō (Katō Shirōzaemon Kagema) studierte diese chinesische Keramik an Ort und Stelle und gestaltete sie Anfang des 13. Jahrhunderts in Japan nach.

Die Teemeister bemühten sich selbst um die Herstellung der Teekeramik, um bestimmte Farben und Glasuren, und beeinflußten die wunderbar schlichten Formen, die aus dem völligen Begreifen des Wesens der Keramik im Geiste des Zen-Buddhismus entstanden. Die Teekeramik wurde dementsprechend in kleinen Werkstätten individuell hergestellt.

Dagegen bestand für das Porzellan und die Manufaktur nach chinesischem Muster noch wenig Interesse.

Der Töpfer Gorodayu go Shonzui soll schon während der Chêngtê-Periode (1506–1521) in China gewesen sein und Rohmaterial geholt haben, aber die Produktion in der Nähe von Arita (Provinz Hizen) muß bald eingeschlafen sein, da das Material ausging.

Erst nach den erfolglosen Bemühungen des Feldherrn Toyotomi Hideyoshi, Korea zu erobern, fand das Porzellan den Weg nach Japan, denn Hideyoshi hatte beim Rückzug koreanische Töpfer mitnehmen lassen. Deshalb spricht man auch von Hideyoshis ›Keramikkrieg‹.

Ein Koreaner fand in Izumiyama bei Arita geeignete Erde, die — anders als in China — schon die richtige Zusammensetzung von Kaolin und Petuntse (Feldspat) hatte. 1616 begann in Arita die Produktion, die sich später ständig steigerte.

Inzwischen war es als einzigen Europäern den Holländern gestattet worden, 1641 eine Niederlassung in Japan auf der Insel Deshima (Provinz Hizen) zu gründen. Mit ihrer Hilfe begann der Porzellanexport zu blühen. Imari war der Verschiffungshafen, und nach ihm wurde das Porzellan *Imari-Porzellan* genannt.

Zunächst stand das Blauweiß-Porzellan von Arita noch unter koreanischem Einfluß. Im Gegensatz zum chinesischen Porzellan wurde das japanische vor jeder Bemalung einem leichten Verglühbrand ausgesetzt, und die japanischen Töpfer stützten ausladende Gefäße durch kleine Tonkegel ab, die sogenannte Brandstütznarben hervorriefen (Spurmarks).

Bald ging man zur Schmelzfarbenmalerei über, und der große Töpfer und Maler Sakaida Kakiëmon (etwa 1595 bis 1666) arbeitete später nur noch in dieser Weise. Er schuf seinen unverkennbaren ›Kakiëmon-Stil‹, der auch von seinen Nachfolgern gleichen Namens in hoher Qualität beibehalten wurde. Sein Kennzeichen waren die große Sparsamkeit des Dekors, das Weglassen, viel weiße Fläche, ›die gestaltlose Gestalt‹ als Ergänzung des Dargestellten, und schöne, manchmal außergewöhnliche Farbzusammenstellungen.

Um 1646 ging man dazu über, den europäischen Abnehmern zuliebe einen reicheren Dekor zu entwickeln. Dieses neue *Alt-Imari* mit der in Arita seltenen Unterglasurblaumalerei mit Überglasureisenrot und Gold blieb, obwohl für den Export hergestellt, immer geschmackvoll. Es fand viel Anklang, auch in China, wo es als ›Chinesisch-Imari‹ nachgeahmt wurde. Auch Delft hat im 18. Jahrhundert Fayencen in Blau, Rot und Gold nach ostasiatischem Vorbild erfolgreich herausgebracht, und man kopierte die Dekors auf weißem importiertem ostasiatischem Porzellan.

Jeder gebildete Japaner war über die chinesische Dichtkunst und über die chinesischen Sagen ebenso unterrichtet wie über die japanischen Überlieferungen, dashalb erschienen sehr häufig chinesische Motive auf den japanischen Gefäßen.

Wie der Chinese, so liebte auch der Japaner feststehende Gruppierungen. Zum Tiger gehörte der Bambus, zum Löwen die Päonie, zu Hirschen der Ahorn, und Kiefer, Bambus und Pflaumenblüte bedeuteten zusammen ›glückliches Leben‹. Auch Drachen, Pfauen, Fasane, Hoo-Vögel (Phönix) und Wachteln waren auf japanischem Porzellan immer zu finden. Schiffe, den holländischen Seglern nachempfunden, oft mit Menschen im europäischen Zeitkostüm, ware beliebte Exportmotive.

Arita war für Europa die bekannteste und wichtigste Manufaktur. Um 1700 bis Mitte des 18. Jahrhunderts war das japanische Porzellan so beliebt wie das chinesische, und mancher Liebhaber sammelte es – so zum Beispiel August der Starke von Sachsen und der Prinz von Condé in Frankreich. Die Manufakturen beider Fürsten, Meißen und Chantilly, kopierten japanische Dekors meisterhaft und künstlerisch.

Die anderen japanischen Manufakturen waren fürstliche Gründungen und arbeiteten nur für den Bedarf der Fürstenhäuser. Ihre Waren wurden in Europa erst sehr viel später bekannt; zunächst gelangten nur Einzelstücke bis in den Westen.

Die Manufaktur des Hauses *Nabeshima* wurde 1680 in Ōkawachi (Okōchi), nördlich von Arita, gegründet. Neben Blauweiß-Porzellan mit sehr feiner Glasur entstand hauptsächlich mehrfarbiges mit den Überglasurfarben Grün, Gelb, Eisenrot und Schwarz, oft in Verbindung mit Unterglasurblau. Vögel und Pflanzen waren bevorzugte, mit sicherer Hand leicht gestaltete Motive. Kennzeichnend für das Nabeshima-Porzellan ist ein kammähnliches Muster in Unterglasurblau auf dem Fußring der Schalen.

Ein technisch ausgezeichnetes Porzellan kam aus Mikawachi, südlich von Arita. Die Manufaktur wurde im frühen 18. Jahrhundert von dem Fürsten von *Hirado* gegründet. Man beschränkte sich hier auf die Unterglasurblaumalerei und brachte sehr fein gemalte chinesische Motive. Weißes Porzellan mit einem Reliefdekor aus Porzellanschlicker erinnerte an das chinesische an-hua.

Weit von Arita entfernt, an der Nordwestküste von Hondo, liegt *Kutani* (Neun Täler). Das Fürstenhaus Maeda gründete hier 1640 seine Manufaktur. Bis gegen Ende des 17. Jahrhunderts stellte sie ein Porzellan mit nicht ganz einwandfreier Masse und Glasur her, das aber kräftig leuchtende, sehr schöne Schmelzfarben hat.

Ab 1824 begann dann in Kutani eine neue Entwicklung. Die Öffnung der Häfen für alle Nationen um die Mitte des 19. Jahrhunderts förderte den Export und damit die Nachahmung des alten Kutani-Porzellans. Doch auch der Stil des neuen roten Kutani-Porzellans mit seinem reichen Golddekor erlangte als ›Goldbrokatstil‹ (= *Kinrande*) Berühmtheit.

Himedani in der Präfektur Hiroshima, im 17. Jahrhundert gegründet, stellte ein gutes, typisch japanisches Porzellan her.

Zweimal hat die dekorative Kunst Japans Europa beeinflußt. Einmal um 1700, als Lackarbeiten und Porzellan das Abendland erreichten, und zum zweiten Male um die Mitte des 19. Jahrhunderts, als sie den Anstoß zur Entstehung des Jugendstils gab.

Das Porzellan in Europa

Johann Friedrich Böttger, seine Vorgänger und Nachfolger

Die Begeisterung der Europäer für das chinesische Porzellan und die ungeheuren wirtschaftlichen Erfolge riefen überall Töpfer und Alchimisten ans Werk, dem Geheimnis der Porzellanherstellung auf die Spur zu kommen. Da aber fast alle von der niedrig gebrannten Fayence oder ihrer Glasur ausgingen, statt das Grundmaterial, die richtige Erde, zu suchen, wurden höchstens Vorstufen des späteren Frittenporzellans erreicht, die dem Glas näherstehen als dem echten Porzellan aus Kaolinerde.

Besonders die Italiener beschäftigten sich als alte Fayence- und Glasmacher schon sehr früh mit Nachahmungen. In den Reiseberichten des Marco Polo aus dem 13. Jahrhundert stand manches über das chinesische Porzellan. Außerdem hatte der Handel Italiens mit dem Orient einige Erfahrungen vermittelt.

1470 gelang es dem venezianischen Alchimisten Antonio di San Simeone, porzellanähnliche glasierte Gefäße aus Bologneser Erde herzustellen. 1518 brachte ein Glasmacher aus Venedig, Leonardo Peringer, milchglasartige Erzeugnisse mit einem blauen Dekor heraus.

Die Renaissance mit ihrem Wissensdrang auf allen Gebieten steigerte den Wunsch der Fürsten, der erste zu sein, in dessen Bereich die Porzellanherstellung gelingt. Am meisten Glück hatte der Großherzog der Toscana in Florenz, Francesco Maria de Medici. Er trieb selbst alchimistische Studien, und ihm gelang es mit der Hilfe von Oratio Fontana und Bernardo Buontalenti, einem Schüler Michelangelos, aus der weißen Erde von Vicenca ein dem Porzellan ähnliches, festes Material herzustellen. Dieses ›Medici-Porzellan‹ hat einen steinzeugartigen, hellgelblichen Scherben, der wie die Fayence von einer weißen deckenden, zinnoxydhaltigen Glasur überzogen ist. In diese ist die Malerei in Blau oder Manganviolett eingebrannt und nochmals mit einer Bleiglasur überzogen. In Florenz entwickelte sich daraus 1576 eine Produktion, die noch bis 1620 in Pisa von dem Töpfer Nicolo Sista weitergeführt wurde.

In Frankreich hatte Ludwig XIV. den Fayence-Töpfern *Claude Réverend* aus Paris 1664 und *Louis Poterat* aus Rouen 1673 das Privileg für die Porzellanherstellung verliehen, aber weder Réverend noch Poterat gelang es, ein echtes Porzellan zu entwickeln. In ihren Fayence-Öfen waren die nötigen hohen Temperaturen nicht zu erreichen. Sie gelten aber als Erfinder des Frittenporzellans, das die französischen Manufakturen berühmt gemacht hat. Die sogenannte ›pâte tendre‹ verdankt ihre herrlichen Farben gerade den niedrigen Brenntemperaturen. Wegen ihrer weichen, sehr verletzbaren Bleiglasur ist sie für Gebrauchsgeschirr nicht so geeignet wie für schöne Dekorationsstücke.

Pierre Chicaneau stellte in St. Cloud bei Paris ein sehr gutes Frittenporzellan her, für das der König 1677 das Privileg erteilte. Nach seinem Tode im Jahre 1678 führte seine wiederverheiratete Witwe mit ihrem Mann *Henri Charles Trou* die Manufaktur bis 1766 weiter.

Anfang des 18. Jahrhunderts entstanden die Manufakturen von Lille 1711, Chantilly 1725, Mennecy-Villeroy 1734 und Vincennes-Sèvres 1738. Sèvres wurde 1753 Staatsmanufaktur. Erst 1772, nach der Entdeckung von Kaolinlagern bei Limoges, ging man zur Herstellung von Hartporzellan über.

In England waren *Francis Place* und *John Dwight* auf dem richtigen Wege, denn sie gingen vom Steinzeug aus, aber Place fehlte das Geld, um seine Arbeit fortzusetzen, und Dwight hatte Ärger mit den Brüdern Elers, die schon vorher ein rotes Steinzeug, die Elersware, herausgebracht hatten und nun Dwight die Erlaubnis zur Porzellanherstellung streitig machten.

In Paris, das in dieser Zeit ein Treffpunkt der Naturwissenschaftler war, beschäftigte man sich auch wissenschaftlich mit dem Porzellan, und die Briefe des Jesuitenpaters Pierre d'Entrecolles von 1712 mit der Beschreibung der chinesischen Porzellanstadt Ching-tê-chên und der Porzellanherstellung erregten Aufsehen. Der Dresdner Mathematiker und Physiker Ehrenfried Walther von Tschirnhausen lernte auf einer Studienreise in diesem Kreis François Vilette aus Lyon kennen, den Erfinder eines Brennspiegels. Er war von diesem Gerät sehr beeindruckt, da er dessen Möglichkeiten, nämlich die Erzielung hoher Schmelztemperaturen, erkannte. Das Geheimnis seiner Erfindung war Vilette nicht zu entlocken, aber Tschirnhausen wußte sich zu helfen. Nach anfänglichen Versuchen mit einem Kupferspiegel ging er zu gläsernen Brennlinsen über. Ihm gelang selbst etwas Porzellanähnliches, ein Weichporzellan, das er ›Wachsporzellan‹ nannte, von dem aber so gut wie nichts erhalten ist. August der Starke von Sachsen verfügte am 25. Mai 1704, daß Tschirnhausen mit Böttger zusammenarbeiten sollte.

Johann Friedrich Böttger befand sich seit 1701 in Gewahrsam in Dresden, da man glaubte, daß er Gold machen könnte. Böttger war 1682 zu Schleiz als Sohn eines Münzkassierers geboren worden. Nach dem frühen Tode des Vaters übernahm der Königlich-Preußische Stadtmajor, Ingenieur und Konduktor Tiemann die Erziehung. Mit sechzehn Jahren kam Böttger nach Berlin in die Lehre zu Apotheker Friedrich Zorn. Dort begeisterte er sich für die Alchimie, die damals als eine ernst zu nehmende Wissenschaft galt, obwohl es viele ausgesprochene Scharlatane gab. Er hoffte, das Geheimnis der Goldgewinnung zu entdecken.

Friedrich I. erfuhr von den angeblich geglückten Versuchen, und da er Geld brauchte, wollte er sich den Goldmacher sichern, aber Böttger verschwand nach dem sächsischen Wittenberg, um seine Studien ruhig fortsetzen zu können. Weitere Verfolgung veranlaßte ihn dann, sich unter den Schutz des Kurfürsten von Sachsen zu stellen, der ihn zuerst auf die Festung Königstein, später auf die Albrechtsburg in Meißen bringen ließ.

1706 erhielt Böttger ein Laboratorium und mehrere Mitarbeiter auf der Jungfernbastei in Dresden. Zu diesem Stabe gehörte von Tschirnhausen. Die neuen Brenngläser bewährten sich zwar bei den Schmelzversuchen zur Goldgewinnung, aber Gold entstand nicht.

Ab 1707 widmete sich Böttger auf Tschirnhausens Rat der Untersuchung von Erden. Er war kein Fachmann und ging vielleicht deshalb völlig unvoreingenommen und unbekümmert an die Aufgabe heran. Mit Hilfe der hohen, durch die Brenngläser erzielten Temperaturen brachte er die verschiedenen Erden zum Schmelzen, und er erkannte, daß feuerfeste Erden mit bestimmten Zusätzen leichter schmelzen. Das erste Ergebnis seiner vielen Versuche war im November 1707 das rote Steinzeug oder ›Jaspis-Porzellan‹ aus Zwickauer Ton oder Rotem Bolus aus Nürnberg und leicht schmelzbarem Lehm aus Aue. Er ist sehr hart und von brauner Farbe. Vorbild war das glänzende chinesische Steinzeug aus Yi-hsien bei Shanghai, aus dem hauptsächlich Teekannen gemacht wurden. Die

Farbe variierte vom Mattgelb bis zum Dunkelbraun. Am begehrtesten war Rotbraun. Es wurde auch in Delft und in Staffordshire (England) nachgeahmt.

Das Böttger-Steinzeug wurde sehr exklusiv hergerichtet, denn August der Starke erwartete etwas Besonderes. Steinschleifer bearbeiteten es wie edles Gestein; es wurde poliert, geschliffen, geschnitten und facettiert. Man vergoldete es oder bemalte es mit Lackfarben und legte auch vorgeformte Ornamente, stilisierte Akanthusblätter oder Masken, auf. Die Gefäßmodelle schuf der Hofgoldschmied Irminger. Außer Gefäßen gab es hervorragend modellierte Figuren der italienischen Komödie, chinesische Kuanyings und Plaketten. Man vermutet, daß der große Bildhauer Balthasar Permoser, der damals am Zwinger in Dresden arbeitete, mit seiner Werkstatt an den Entwürfen beteiligt war.

Schon ein Jahr später gelang Böttger mit dem kaolinhaltigen Colditzer Ton und dem verbindenden Flußmittel, dem Feldspat, das erste weiße Hartporzellan und bald darauf die Glasur. Zwar gerieten die Brände nicht immer, aber Böttger verbesserte laufend Masse und Öfen. Erst 1713 fand er dann Ziegel, die die hohen Temperaturen aushielten.

Am 6. Juni 1710 wurde die Manufaktur Meißen gegründet. Das kostbare ›Arkanum‹, das Geheimnis der Porzellanherstellung, mußte Böttger getrennt den beiden Leitern der Manufaktur, Dr. Nehmitz und Dr. Bartelmei, mitteilen.

Am 3. März 1719 starb Johann Friedrich Böttger in Dresden. Er blieb nicht der einzige Erfinder des Porzellans in Europa, aber er war der erste. Die Erfindung lag in der Luft, und von ihm unabhängig gelang sie nach ihm *William Cookworthy* in England, *Dimitri Winogradow* in Rußland, *Georg Heinrich Macheleid* und *Gotthelf Greiner* in Thüringen, *Lauraguais-Brancas* in Frankreich, *Vittorio Amadeo Giovanetti* in Italien und *Frantz Heinrich Müller* in Kopenhagen.

Monopol Meißen

Für fast ein halbes Jahrhundert blieb die Aufgabe, das Porzellan technisch und künstlerisch zu entwickeln, allein bei der Manufaktur Meißen. Man versuchte, das Geheimnis der Herstellung, das kostbare ›Arkanum‹, streng zu hüten. Die Arkanisten mußten absolute Verschwiegenheit schwören, aber alle Vorsichtsmaßnahmen waren vergeblich. Obwohl schwere Bestrafung drohte, wenn sie bei einem Fluchtversuch erwischt wurden, probierten sie es immer wieder, das Arkanum auch anderswo an den Mann zu bringen. Welcher Fürst hätte nicht größtes Interesse gehabt, in seinem Lande selbst Porzellan zu erzeugen, das, wie Herzog Carl Eugen von Württemberg es im Gründungsdekret der Manufaktur *Ludwigsburg* am 5. April 1758 ausdrückte, »notwendiges Attribut des Glanzes und der Würde« war? Und die privaten Unternehmer erhofften sich guten Gewinn.

1717 gelang es dem österreichischen Hofkriegsrat Du Paquier mit Hilfe von zwei Fachleuten, dem Emailleur und Vergolder Christoph Hunger und dem Werkmeister Samuel Stölzel, die er in Meißen angeworben hatte, in *Wien* eine Manufaktur zu gründen und Porzellan herzustellen, das allerdings damals für Meißen noch keine Konkurrenz war. Hunger ging bald von Wien nach *Venedig,* wo er eine Porzellanfabrik gründete, aber 1725 war er bereits wieder in Meißen. Stölzel war schon 1720 nach Meißen zurückgekehrt und hatte den begabten Maler Gregor Höroldt mitgebracht. Wegen wirtschaftlicher Schwierigkeiten ging die Manufaktur Wien 1744 in Staatsbesitz über.

Um die Mitte des Jahrhunderts setzte dann eine richtige Gründungswelle ein, die auch Meißen, das bis dahin, trotz starker Belastung durch kostenlose Aufträge des Adels, einen guten Absatz hatte, in Schwierigkeiten brachte. Das ständige Wandern der Arkanisten, meistens von Meißen oder Wien ausgehend, brachte das Herstellungsgeheimnis von Manufaktur zu Manufaktur. Pech hatte der Gründer, der einem Abenteurer, einem falschen Arkanisten, in die Hände fiel und für sein Geld allenfalls Fayence erhielt. Auch die Künstler waren selten seßhaft. Ihr Wirken mal an dieser, mal an jener Manufaktur führte mit der Zeit zu einem Qualitätsausgleich.

Manche Neugründung ist schon nach 1717 versucht worden, aber erst 1746 glückte es, in *Höchst* am Main eine leistungsfähige Manufaktur aufzubauen. Ihr Gründer war der bekannte ehemalige Meißener Maler Adam Friedrich Löwenfinck, dem zwei Frankfurter Kaufleute finanziell beistanden. 1747 folgte *Neudeck ob der Au,* das spätere *Nymphenburg,* unterstützt durch den Kurfürsten Max III. Joseph; 1751 gab Friedrich der Große das Privileg an den Kaufmann Wegely in *Berlin;* 1753 folgte die Herzoglich-Braunschweigische Manufaktur *Fürstenberg;* 1755 erhielt der Straßburger Fayence- und Porzellanfabrikant Paul Hannong von dem Kurfürsten Carl Theodor von der Pfalz die Genehmigung, in *Frankenthal* eine Porzellanfabrik zu gründen; und 1758 übernahm Herzog Carl Eugen von Württemberg die zwei Jahre vorher gegründete Manufaktur *Ludwigsburg* aus Privathand.

Außer diesen größten und künstlerisch bedeutendsten deutschen Manufakturen, Wien eingeschlossen, kam es zu vielen kleineren fürstlichen und privaten Gründungen, die aber das 18. Jahrhundert nicht überdauert haben. Eine Ausnahme machen die *Thüringer Fabriken,* die heute noch arbeiten. Sie waren mit kaufmännischem Geschick ganz auf Wirtschaftlichkeit eingestellt und standen nach einiger Zeit alle unter der Leitung der tüchtigen Familie Greiner.

Die französischen Manufakturen hatten mit Böttgers Erfindung nichts zu tun. *St. Cloud, Mennecy-Villeroy, Chantilly* und die 1740 in *Vincennes* gegründete Manufaktur stellten Frittenporzellan her. Die Manufaktur von Vincennes wurde 1756 nach *Sèvres* verlegt, und Ludwig XV. übernahm sie 1759. Mit der Entdeckung von Kaolinlagern bei Limoges 1768 begann Sèvres auch Hartporzellan zu produzieren. In dieser Zeit entstanden besonders in Paris viele neue Manufakturen für Hartporzellan. Deutschland machte dagegen eine Krisenzeit durch, und manche Manufaktur mußte schließen.

In der Schweiz wurden von Privatleuten die Manufakturen *Zürich* 1763 und *Nyon* 1781 gegründet.

Italiens wichtigste Manufakturen waren fürstliche Gründungen. 1735 entstand die Manufaktur des Marchese Carlo Ginori in *Doccia bei Florenz* mit Hilfe des Wieners Karl Wendelin Anreiter von Zirnfeld, 1743 unter Karl III. von Sizilien, der eine Tochter Augusts III. von Sachsen und Polen zur Frau hatte, die Manufaktur *Capodimonte* bei Neapel. Als Karl III. den spanischen Thron erbte, ließ er seine Manufaktur mit der ganzen Belegschaft nach *Buen Retiro bei Madrid* verlegen. Erst 1804 wurde dann auch dort Hartporzellan hergestellt. Ferdinand IV., König von Neapel, gründete 1771 eine Manufaktur.

Englands Manufakturen stellten meistens Knochenporzellan her, übernahmen aber später auch das Hartporzellan. Sie sind alle durch private Initiative entstanden. *Chelsea,* 1743 gegründet, wurde durch William Duesbury 1770 mit *Derby* vereint, dazu kam dann noch 1776 die Manufaktur *Bow. Bristol* und *Worcester* entstanden um die Mitte des 18. Jahrhunderts und nach ihnen zahlreiche kleinere Manufakturen. *Etruria,* von Josiah Wedgwood 1768 gegründet, produzierte neben dem berühmten Steingut später auch Knochenporzellan.

In Belgien wurde 1771 *Tournay* mit einem Privileg Maria Theresias von F. J. Peterinck in Anlehnung an Sèvres gegründet.

Hollands Manufakturen *Weesp, Oude-Loosdrecht* (später in Ouder-Amstel) und *Haag* erzeugten Hartporzellan.

In *Kopenhagen* glückte das Hartporzellan erst 1773, und 1779 ging dann die Manufaktur in Staatsbesitz über.

In Rußland existierte die Manufaktur *St. Petersburg* durch Mithilfe Christoph Conrad Hungers seit 1744 und wurde von Katharina II. unterstützt. Dimitrij Winogradow entdeckte hier um 1750 noch einmal das Porzellan. Außerdem gab es noch einige private Unternehmen, so die von A. G. Popow und die des Engländers Francis Gardner bei Moskau. In allen Ländern standen den fürstlichen Manufakturgründern, deren Ansprüche und finanzielle Mittel den größten Anteil an der Blüte der Porzellankunst in Europa hatten, viele erfolgreiche private Unternehmer gegenüber.

Die Familie Greiner in Deutschland hatte eine besonders glückliche Hand. Nicht nur daß Gotthelf Greiner unabhängig die Porzellanerfindung gelang, er und seine fünf Söhne beherrschten auch im 18. Jahrhundert die gesamte *thüringische Porzellanindustrie.*

In *Zürich* gründete der Familienverband der Heideggers, zu dem auch der Dichter und Idyllenmaler Salomon Geßner gehörte, 1763 eine Porzellanfabrik, die bis 1790 in Betrieb war.

Karl Franz Hannong hatte mit seiner Familie 1710 in *Straßburg* das Bürgerrecht erworben und sattelte vom Tabakspfeifenmacher zum Fayence-Fabrikanten um. Seine Unternehmen in *Straßburg* und *Hagenau* hatten einen guten Namen. Sein Sohn Paul Anton wollte dann Porzellan herstellen, aber er durfte in Frankreich Sèvres keine Konkurrenz machen. So gründete er in Deutschland *Frankenthal.*

Zwei große Unternehmer saßen in England, *William Duesbury*, der Porzellankönig, und *Josiah Wedgwood*, dessen hervorragendes Steingut immer wieder auch das Porzellan beeinflußt hat. Beide Betriebe arbeiten heute noch.

Aber, ob in fürstlichen oder privaten Manufakturen erzeugt, das Porzellan mußte verkauft und unter das Volk gebracht werden. Alle öffentlichen Veranstaltungen, bei denen etwas verlost oder Preise ausgesetzt wurden, wie zum Beispiel die beliebten Schützenfeste, wurden mit Porzellan beschickt. Es gab Porzellan-Lotterien und -Auktionen. Die Verkaufsbemühungen gingen manchmal so weit, daß ein Land mit einer eigenen Manufaktur die Erzeugnisse einer fremden Manufaktur nicht ins Land ließ. Einige Thüringer Fabriken glichen ihre Marken der Meißener Schwertermarke zum Verwechseln an und brachten dann ihr Porzellan auf die Leipziger Messe. Begreiflicherweise ging das nicht gut, und erst nach Fürsprache ihres Landesherrn und Änderung der Marken durften sie ihre Ware wieder anbieten.

Friedrich der Große erließ 1769 ein Dekret, nach dem Juden die Erlaubnis zum Heiraten oder für Grundstückskäufe und Geschäftseröffnungen nur dann bekamen, wenn sie in seiner Manufaktur ein Service kauften. Dieses Porzellan bekam im Volksmund den Beinamen ›Judenporzellan‹. 1787 konnte sich die preußische Judenschaft endlich mit 40000 Talern von dieser Zwangspflicht loskaufen.

Auch in der bürgerlichen Schweiz mußten Juden bei der Eheschließung ein kostbares Service in der Züricher Manufaktur kaufen, und Madame Pompadour nannte Leute, die kein Sèvres-Porzellan kauften, unpatriotisch.

Meißen war die erste Manufaktur, die auf Bestellung des türkischen Kaufmanns Manasse Athanas seit 1732 Mengen von henkellosen Tassen, mit türkischen Kauffahrteiszenen bemalt, nach Kleinasien exportierte. Dem Auftrag von 2000 Dutzend dieser ›Türkenkoppchen‹ folgten weitere und größere Aufträge. Um die chinesische Handelskonkurrenz in diesem Gebiet zu übertrumpfen, scheute man auch in Meißen nicht vor Markenänderung zurück. Das Exportporzellan bekam den Merkurstab statt der Schwertermarke oder auch Nachahmungen chinesischer und japanischer Marken. Das Geschäft war lohnend. Wien hatte 1744 große Aufträge, Nymphenburg in den Jahren von 1769 bis 1774, und in der Gegend von Regensburg und Passau bildeten sich Hausmalerzentren zum Dekorieren dieser Koppchen.

Trotzdem schwankten die wirtschaftlichen Erträge aller Manufakturen sehr. Die große Konkurrenz machte sich bald bemerkbar. Wedgwood hatte schon 1752 den ersten Schritt zur Massenproduktion getan. Er dekorierte sein Steingut im Druckverfahren und konnte mit einer billigeren, dabei aber guten Ware den europäischen Markt beeinflussen.

Besonders in Deutschland, das unter den handelshemmenden Zollschwierigkeiten zwischen den vielen kleinen Staaten litt, kam es zu Krisenzeiten, in deren Verlauf eine Reihe von Manufakturen noch im 18. Jahrhundert geschlossen werden mußte.

Ottweiler stellte sich auf Steingut um, und die großen Manufakturen Berlin und Meißen erhielten wie Sèvres und Petersburg Staatszuschüsse, um bestehen zu können.

Das Geschirr des 18. Jahrhunderts und seine Malerei

Am 23. Januar 1710 war durch königlichen Erlaß die Porzellanmanufaktur in Dresden gegründet worden; am 6. Juni desselben Jahres wurde sie aus Sicherheitsgründen auf die Albrechtsburg in Meißen verlegt.

Böttger bemühte sich mit seinen Mitarbeitern, dem neuen Material Herr zu werden. Inzwischen war die Schnorr'sche Erde gefunden worden und trug erheblich zur Verbesserung des Porzellans bei. Die ersten Böttger-Porzellane hielten sich zwar noch an chinesische Vorbilder, sie wurden auch aus Ersparnisgründen oft in den gleichen Formen wie das Steingut ausgeformt, doch versuchte man schon eigene Wege zu gehen. Die Kannen und Vasen bekamen Reliefauflagen aus Weinlaub und Eichenblättern oder Akanthus, Blütenzweigen, Ornamenten und Masken. Viele Stücke blieben weiß, aber manche bemalte man mit Lackfarben, seltener mit den noch unvollkommenen Emailfarben Grün, Karmin und Blau. Böttger gelang es, einen Perlmutterlüster und ein Rosa zu finden. Weniger Glück hatte er mit dem Unterglasurblau, für dessen Erfindung August der Starke tausend Taler Belohnung ausgesetzt hatte. Ein Jahr nach Böttgers Tode, 1720, gelang es dem Obermeister David Köhler und zwei Mitarbeitern, eine blaue Farbe herzustellen, die allerdings noch nicht perfekt war. Im gleichen Jahr wurde der dreiundzwanzig Jahre alte Maler Gregor Höroldt, der vorher kurz in Wien gewesen war, als Leiter der Malerwerkstatt in Meißen verpflichtet. Er war von Samuel Stölzel, dem reumütig zurückgekehrten Mitarbeiter Böttgers, der das Geheimnis der Porzellanherstellung an die Manufaktur Du Paquiers in Wien 1718 verraten hatte, mitgebracht worden.

Höroldt war als Maler, Techniker und Organisator für Meißen der große Wurf. Es gelang ihm, das unter Böttgers genialischer Leitung verlotterte Personal wieder zur Ordnung zu rufen und günstig auf die finanzielle Lage der Manufaktur einzuwirken. Seine aus Wien mitgebrachten Farben konnte er so verbessern, daß ihm bald jede Nuance in wunderbarer Leuchtkraft zur Verfügung stand. Seine hellen Farben sind für Meißens Frühzeit typisch.

Die Blaumalerei machte jedoch weiter Schwierigkeiten. Köhler

Zwei Kännchen aus Böttgersteinzeug (geschliffen)
Meißen um 1710–1715

Nach chinesischem Vorbild

nach Silbervorbild

war 1723 gestorben und hatte ihre Herstellung nicht ausführlich genug mitgeteilt. Erst 1739 wurde das Problem wirklich zufriedenstellend gelöst. Im gleichen Jahr entstand auch das berühmte ›Zwiebelmuster‹ aus einer Vereinfachung von Granatäpfeln, Astern und chinesischen Pfirsichen.

Schon 1731 waren in der Werkstatt 40 Maler, davon 10 Blaumaler, 25 Gesellen, 11 Jungens und 2 Farbenreiber beschäftigt, die nach Höroldts Angaben arbeiteten. Jeder hatte sein abgegrenztes Gebiet, Chinoiserien, Landschaften oder Blumen etwa, für das er

Zwiebelmuster in Unterglasurblau
Meißen 1739

Indianische Blumen
Meißen 1730

zwar nach Vorlagen, aber auch mit eigener Freiheit schaffen konnte. Der junge, später als Blumenmaler so bekanntgewordene Adam Friedrich Löwenfinck füllte damals noch Blattkonturen aus.

Höroldt bestimmte souverän den neuen Malstil. Er entwarf auch die Vorlagen für die Maler. Gemäß dem Wunsch August des Starken, das von Pöppelmann gebaute Japanische Palais mit chinesischen und Meißener Porzellanen auszustatten, beschäftigte sich Höroldt vor allem mit ostasiatischen Motiven. Seine ›Indianischen Blumen‹, die Chrysanthemen und Päonien mit phantastischen Vögeln in seltenen Farbzusammenstellungen, künstlerisch leicht gestaltet, waren eine ganz eigene Schöpfung und hatten mit den chinesischen Vorbildern nicht mehr sehr viel gemein. Sie wurden in Meißen erst 1735 von den ›Deutschen Blumen‹ abgelöst.

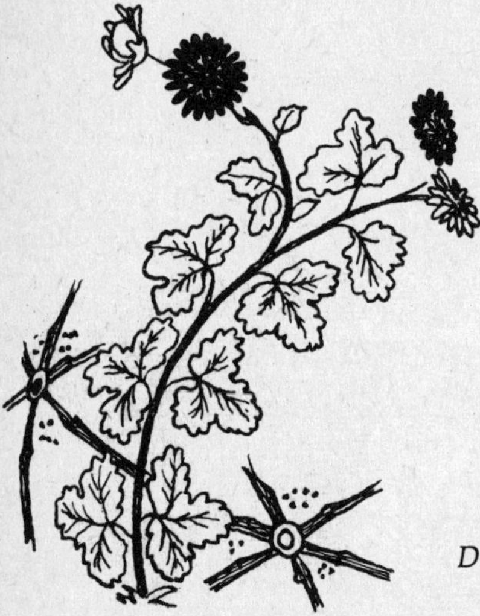

Dekor in der Art des Kakiëmon
Meißen 1720–1725

Für die Formen der Tee- und Kaffeeservice war seit 1710 der Hofgoldschmied Irminger zuständig, der ab 1712 von Georg Fritzsche unterstützt wurde; später, 1727, lieferte auch Johann Gottlieb Kirchner einige Entwürfe. Die Formen waren meist glatt, selten mit Henkeln und nur mit kleinen barocken Zutaten wie Deckelknäufe versehen, so daß für die Malerei genügend Raum blieb.

Die dem König vorbehaltenen Dekors wie das ›Gelbe Tigermuster‹ und das ›Rote Drachenmuster‹ zeigen in ihrer Sparsamkeit die Begegnung Höroldts mit den Werken des Japaners Kakiëmon. Am engsten sind aber mit dem Namen Höroldt die Chinoiserien um 1720 verbunden. Er hat sie nicht erfunden, aber so amüsant und eigenwillig entwickelt, daß ›Höroldt-Chinesen‹ zu einem Begriff geworden sind. Da bewegen sich über das Porzellan zierliche, skurrile Gestalten in Gold oder in gemusterten Kleidern mit großen Hüten und langen dünnen Bärten. Meistens sind sie noch umschwirrt von seltsamen Drachen, geflügelten Schlangen oder Papageien in einer Märchenwelt voller fremdartiger Pflanzen. Oft sind diese reizenden, unwirklichen Szenen in schön mit Goldspitzen-

Indianische Blumen
Meißen um 1730

dekor umrandeten Reserven auf verschiedenfarbigen Gründen eingefangen. Die wundervollen Fondfarben, ein Gelb in Anlehnung an das chinesische ›Kaiserliche Gelb‹, Meergrün, Stahlgrün, Hell- und Dunkelblau, Pfirsichblütenfarbe, Grau, Purpur und Rot, waren Meißens Stolz. Sie haben ihre Entstehung der Idee Augusts des Starken zu verdanken, in seinem Japanischen Palais für jede Farbe einen Raum zu reservieren.

Mit dem Tode des Königs 1733 war auch die Blüte der Höroldt-Malerei vorbei. Zwar schuf er für den Nachfolger 1740 und 1745 noch zwei bekannte Service, das ›Goldwatteau-Service‹ und das ›Grüne Watteau-Service‹, aber der große, mitreißende Initiator, unter dem Höroldt Wegbereiter des europäischen Porzellandekors geworden war, fehlte.

1731 war *Johann Joachim Kändler* als Fünfundzwanzigjähriger nach Meißen gekommen, um mit *Kirchner*, der kurz vor ihm zum zweiten Male berufen worden war, die großen Aufgaben für das Japanische Palais zu bewältigen. Im Gegensatz zu Kirchner, der sich nie ganz mit dem Porzellan anfreunden konnte und temperamentmäßig nicht mit seinem königlichen Auftraggeber harmonierte, war Kändler für die gestellte Aufgabe hervorragend geeignet. Er konnte sich in die Pläne des Königs einfühlen und hat sich, obwohl auch von der Großbildhauerei kommend, vollkommen auf das feine Material eingestellt und es beherrschen gelernt. Seine Werke sind für die gesamte plastische Porzellangestaltung in Europa zum Vorbild geworden. Die Prachtvasen für das Japanische Palais, die sogenannten Schneeballvasen mit zahllosen kleinen Blüten und figürlichem Schmuck bedeckt; die vielen Tiere für das Palais, die Figuren und die berühmten Prunkservice geben Zeugnis davon.

Als Kändler in die Manufaktur eintrat, »fand er nicht einen rechtschaffenen Henkel vor«. So hat er zunächst die wichtigen kleineren Zutaten entwickelt, ohne die glatten Formen, die der Malerei Raum ließen, erheblich zu verändern. Erst mit den großen Servicen entfaltete sich dann seine Bildhauernatur.

Prächtige Tafelgeschirre waren Mittel der Repräsentation geworden — nicht mehr allein für den Hof, sondern auch für den Adel. Sie waren großartige Geschenke der Könige und gehörten in vielen Fällen zum Hochzeitsgut der Prinzessinnen.

Das Krönungsservice Augusts III. (1734) war in der plastischen Gestaltung noch gemäßigt, und die Blumenmalerei war wichtiger Dekor, aber das berühmte Service für den Grafen Sulkowsky

Indianische Blumen
Höchst um 1746

zeigte schon unverkennbar Kändlers Hand, wenn es auch noch Augsburger Gold- und Silberschmiedearbeiten und wahrscheinlich Motiven des Dresdner Zwingers nachempfunden war.

Mit der Arbeit an dem *Schwanenservice* für den Grafen Brühl, der seit 1733 die Oberaufsicht über die Manufaktur hatte, wandte sich Kändler dem von Juste-Aurèle Meissonnier geschaffenen Rocaille-Stil zu und war damit in seinem Element. Mit Johann Friedrich Eberlein arbeitete er von 1737 bis 1741 an dem großen Auftrag. Weiße Schwäne, verschlungene Fische, Muscheln, Blumen, Nereiden, Meergötter, Putten und Wappen faßte er mit dem neuen Ornament, der asymmetrischen Rocaille, als plastischen, mit Gold und wenig Farbe gehöhten Dekor für die 2200 Teile des Riesenservices zusammen, dessen Pracht nur auf einer langen Festtafel, den Schein unzähliger Kerzen widerspiegelnd, ganz zu erfassen ist. Der Reichtum des plastischen Dekors war einmalig, aber die neuen geschwungenen Grundformen haben den Stil des Porzellangeschirrs bis über die Mitte des 18. Jahrhunderts hinaus geprägt.

Allgemein wurden Eßservice und die kleinen Frühstücksgarnituren, die ›Solitaires‹ für eine Person und ›Déjeuners‹ oder ›Tête-à-têtes‹ für zwei Personen, auch für den Hof und den Adel schlichter und zweckentsprechend gehalten. Aber die verfeinerten europäischen Tischsitten des 18. Jahrhunderts führten zu neuen Gefäßtypen, zu Wärmehaltern oder ›Rechauds‹ und Kühlgefäßen mit Einsatz, zu Kühlwannen mit ausgebogten Rändern zum Einhängen der Gläser, Suppenterrinen mit Platten und Suppenschalen mit Deckeln. Für unsichere Hände, die leicht etwas verschütteten, wurde die praktische ›Zittertasse‹, die ›Trembleuse‹, entwickelt, eine Tasse, die auf der Untertasse in einem genügend hohen Ring steht, um nicht kippen zu können, und meistens einen Deckel hat.

Die Malerei trat mit neuen Motiven in den Vordergrund. Das Rokoko wurde die große Zeit der Porzellanmalerei. Die Chinesenmalerei war um 1735 zurückgegangen, und dafür besann man sich auf europäische Motive. Hafenszenen und Flußlandschaften wurden beliebt. Aus Paris kamen Vorlagestiche nach den feinen Bildern von Antoine Watteau (1684–1721), die vorzüglich zum Porzellan passen. Sie wurden nicht nur mehrfarbig gemalt, sondern auch gern Ton in Ton (Camaïeu). Meißen bevorzugte Grün in Grün, Berlin Rot in Rot (Eisenrot oder Purpurrot – Couleur en rose). Höroldt malte für Meißen 1740 das ›Gold-Watteau-Service‹ und 1745 das ›Grüne Watteau-Service‹. Auch idyllische Schäferszenen, Jagdmotive und Tiere, besonders nach Stichen von Gottlieb Friedrich Riedel in Ludwigsburg minutiös gemaltes Geflügel, gehörten zu dem großen Kreis der Genremalerei, wie sie das Rokoko liebte.

Für Kriegsszenen, die sogenannte Bataillenmalerei, standen Vorbilder von Rugendas und Wouverman zur Verfügung. Blumen waren die anmutigsten Motive. Die ›Indianischen Blumen‹ wurden vergessen. In Meißen malte man zuerst Blumen und Insekten mit Schatten (Saxe ombrée), dann setzten sich die in Wien schon heimischen ›Deutschen Blumen‹ durch. Wiesen- und Gartenblumen wurden nur kurze Zeit nach Vorlagen gemalt, bald meisterten sie die Künstler frei nach der Natur. Die Streublümchen, die lockeren Sträuße und großen Buketts sind bis heute der schönste Porzellandekor geblieben.

Deutsche Blumen Meißen 1735

Unterglasurblaue Dekors, wie sie in mehreren Manufakturen im 18. Jahrhundert entstanden, hatten den großen Vorteil der Preisgünstigkeit, so daß das Porzellan nun auch dem Bürger zugänglich wurde. Der berühmteste Dekor ist sicher das 1739 aus Astern, Granatäpfeln und Pfirsichen entwickelte Meißener *Zwiebelmuster.*

Wenn Szenen oder Blumenstücke umrahmt wurden, dann durch Rocaillen als Relief, die sich in Malerei fortsetzten (Reliefzierat), oder gemalte geschwungene Spaliere (Trilagen), die die Szene an einer Seite offenließen.

Typisch waren einige Flächenornamente, Mosaiken, Schuppen und Gitter, die mit rocailleförmigen Grenzen von den Rändern aus in die weiße Fläche hineinreichen.

Die Porträtmalerei beschränkte sich meistens auf die feine Miniaturmalerei auf den Innenseiten der Dosen und Döschen. Seltener gab es Porträts in größerem Format auch als Tafelbilder. Meißen war für lange Zeit führend. Wien war Privatmanufaktur und hatte mit Schwierigkeiten zu kämpfen. Doch mit den vielen Neugründungen erwuchs hier und da auch Meißen eine starke Konkurrenz.

Trilage

Regenceornament um 1730

Flächenornament Schuppenmuster

Monogramm (für Mme. Dubarry, Sèvres)

Friedrich der Große hatte während des Siebenjährigen Krieges (1756–1763) noch sechs Service in Meißen bestellt, aber am Ende des Krieges machte er aus der privaten Manufaktur in Berlin eine Königlich-Preußische, an deren Produktion er persönlich sehr interessiert war. Berlin brachte damals die schönsten Rokokoservice für

Reliefzierat, Berlin

Antikzierat, Berlin

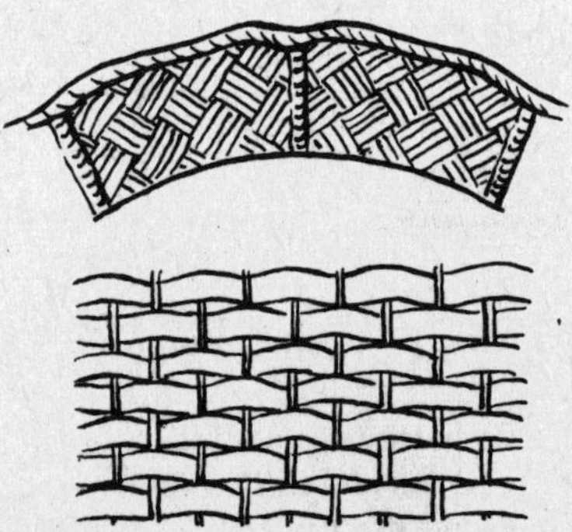

Osiermuster
(Korbweide)

die preußischen Schlösser und das Breslauer Stadtschloß heraus, allen voran 1765 das Service für das Neue Palais von Friedrich Elias Meyer in *Reliefzierat* mit Spalier. Das Service in *Antikzierat* für das Breslauer Schloß steht schon an der Grenze zum Louisseize.

Bustelli hatte für Nymphenburg große Service und kleine Garnituren von hoher Qualität entworfen, und das Service für das Kloster Einsiedeln mit Blumenmalerei von Johannes Daffinger ist eine Glanzleistung der Züricher Manufaktur.

Sèvres hatte sich schon früh von dem Meißener Einfluß gelöst und entwickelte seine einfachen glatten Formen, die der ›pâte tendre‹, dem weicheren Frittenporzellan, gerecht wurden. Wundervolle farbige Fonds, unter ihnen das seltene ›Bleu mourant‹, das auch in Berlin zwei Jahre vor dem Tode Friedrichs des Großen gelang, oder gemusterte wie das zierliche ›Oeil-de-perdrix‹ (wörtlich = Rebhuhnauge), in Verbindung mit hervorragender Malerei, sind typisch für die Sèvres-Geschirre dieser Zeit, die aber leider sehr empfindlich waren.

Sèvres ›Oeil de perdrix‹ (Fonddekor)

Ein großer Steingutproduzent soll hier erwähnt werden, *Josiah Wedgwood* aus Staffordshire (England). Seine qualitätsvollen und preisgünstigen Waren hatten viel Einfluß auf das Porzellan der folgenden Zeit.

Schon etwa um die Mitte des 18. Jahrhunderts gab es in Paris eine Strömung gegen das leichtlebige Rokoko und seine schwungvollen Ausdrucksformen, die man als geschmacklos empfand.

Die Ideen Jean Jacques Rousseaus (1712–1778), seine Forderung nach Rückkehr zur Natur und zur Einfachheit und seine Ablehnung des höfischen Absolutismus und der Einfluß der durch Johann Joachim Winckelmann wiederentdeckten Antike bewirkten schon vor der Regierungszeit Ludwigs XVI. allmählich auf allen Gebieten einen Stilwandel, der sich im Hang zur geraden Linie zeigte. Die Übergänge sind schwer festzulegen. Rokokoformen liefen neben den frühklassizistischen einher, und manches Liebgewordene aus dem Rokoko hielt sich noch bis in den Klassizismus hinein. Allgemein wichen die Schwünge den geraden Formen. In der Porzellankunst verschwand die heitere, lockere Rocaille als Relief oder als Szenenumrandung, statt dessen malte man runde oder ovale geschlossene Kränze aus Blumen, Blättern und Zweigen, manchmal mit einer Schleife gebunden. Blumen wurden auch zu Monogrammen und Girlanden zusammengefügt.

Ein Zug zum Einfachen veränderte die Genremalerei. Kavaliere und Damen machten Bauern und Bäuerinnen Platz, aus Schäfern wurden Hirten, und statt der Jagdszenen malte man ›Viehstücke‹. In Berlin erschienen 1771 Szenen aus Lessings ›Minna von Barnhelm‹ nach Illustrationen von Daniel Chodowiecki auf einem Solitaire und später in Meißen Szenen aus Goethes ›Werther‹, äußerst fein von David Schubert gemalt.

Um 1780 kam der Klassizismus zum Durchbruch, um 1800 ging er ins Empire, den Repräsentationsstil Napoleons, über. Form und Farbe wurden noch zurückhaltender. Die Ton-in-Ton-Malerei erschien jetzt in Grau (Grisaille). Das Porträt wurde auf die Silhouette beschränkt, deren Meister der Maler Wilhelm Dittmar in Berlin war.

Das großartige *Perlservice*, von Domenicus Auliczeck in Nymphenburg für den bayerischen Hof entworfen, in Weiß, Blau und Gold mit plastischen Perlenketten um jedes Gefäß und jeden Teller und Medaillons mit Grisaille-Landschaftsmalerei von Paul Boehngen, repräsentiert die Zeit in bester Weise.

Berlin brachte Service, die sich an englische Silberformen und Wedgwood-Vorbilder anlehnten, so das *Vasenförmig mit Stäben* und danach das *Kurländer Muster*.

Szenerien wurden statt mit Blumen mit einem rechteckigen Goldrand eingefaßt, und aus den Blumengirlanden wurden Lorbeer- und Eichenlaubgirlanden.

Eine von den Gelehrten ausgehende Verwissenschaftlichung

Flora-Danica-Dekor
Kopenhagen um 1790

führte zur Einengung der künstlerischen Phantasie. Musterbeispiel für die Blumenmalerei in der Art eines Herbariums ist das *Flora-Danica-Service* aus Kopenhagen für Katharina die Große von Rußland.

Unter der wissenschaftlichen Beratung des Botanikers Theodor Holmskjöld, eines Schülers des Naturforschers Linné, führte der Nürnberger Blumenmaler Johann Christoph Bayer die Bemalung nach dem kolorierten Kupferstichwerk über die dänische Flora ›Flora Danica‹ von Christian Öders aus (1790–1802). Jedes Teil des Services trägt auf der Unterseite den lateinischen Namen der jeweils abgebildeten Pflanze.

Doch es gab auch lebensvollere Blumen auf Porzellan. In Berlin malte Johann Friedrich Schulz seine Blumen ›en terrasse‹, das sind vom unteren Gefäßrand aufwachsende Blumen in ihren verschiedenen Höhen. Etwas später, schon im Empire und Biedermeier, kamen die symbolischen Blumen auf. So konnten beispielsweise die Anfangsbuchstaben mehrerer zum Kranz gewundener Blumen den Namen eines Mädchens ergeben. Sehr hübsch waren Bilderrätsel auf den Tassen wie ›Wandle auf Rosen und vergiß mein nicht‹. Die Rosen und Vergißmeinnicht sind zwischen die Wörter gemalt.

Ideallandschaften gab es nicht mehr. Die Veduten zeigten naturgetreu gemalte Städte- und Landschaftsbilder. Als besonders qualitätvoll gelten die Berliner Veduten mit Ansichten von Berlin und Potsdam auf Prunkgefäßen und Geschirr und auf Tassen. Die Tas-

Widmungstasse
Anfang 19. Jh.

sen bekamen überhaupt im Biedermeier als Sammeltassen eine besondere Bedeutung. Die Anregung stammte aus England, wo jeder Besucher bei einer Gesellschaft eine andere Tasse erhielt. Die Dekors waren sehr phantasievoll. Man schenkte sich Erinnerungstassen auch gern mit der eigenen Silhouette, die man in der Fabrik bestellen konnte. Das Kaffeetrinken war zwar in allen Schichten üblich geworden, aber diese Tassen hat man sicher kaum benutzt, sondern in der Vitrine gesammelt.

Einen großen Einfluß übten die Funde der Ausgrabungen von Herculaneum und Pompeji seit etwa 1780 auf Form und Dekor des Porzellans aus. Man begeisterte sich für die antiken Gefäßformen und bildete sie nach. Die wunderbaren Fresken regten die Malerei an.

Wien wurde durch zwei Maler führend: Georg Perl, Meister der in Sèvres entwickelten Reliefgoldtechnik, und Joseph Leithner, der

Tasse mit Silhouette

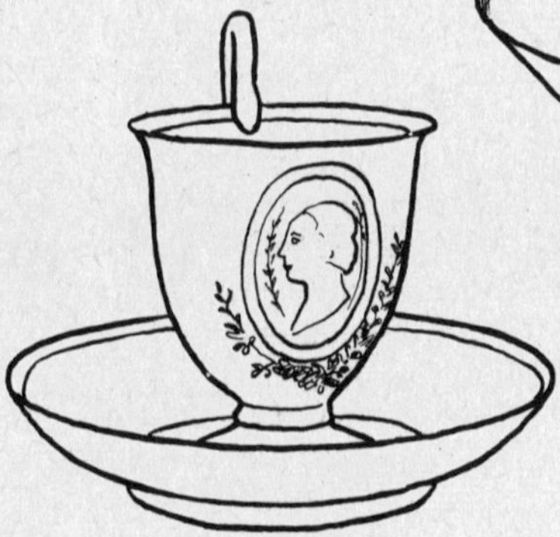

Nymphenburg 1810

nebenbei Farbenspezialist war und neue Farben nach antiken Vorbildern erfand, so einige dunkel- und hellviolette bis kupferrote Lüsterfonds und das nach ihm benannte Leithnerblau.

Leider ging die oft überreiche Bemalung und Vergoldung auf Kosten des Porzellans, das zum Malgrund degradiert wurde.

Neben dem Berliner *Feldherrnservice,* das Friedrich Wilhelm III. 1820 für Wellington von Schadow arbeiten ließ und dessen Terrine mehr ein Denkmal als eine Suppenterrine ist, stehen zwei auffallend schöne Schöpfungen Johann Peter Melchiors, der seit 1798 Auliczecks Nachfolger in Nymphenburg war; das vornehme *weiße Empire-Service* mit breiten Goldrändern und goldenen Pinienzapfen als Deckelgriffen (nach 1800) und ein Teeservice (1820) in Weiß und Gold, das nach dem hochgezogenen Rand der Kanne *Schild* genannt wird.

Die Hausmaler

Es gab eine ganze Reihe von Porzellanmalern, die nicht zu einer Manufaktur gehörten, sondern selbständig arbeiteten, die sogenannten Hausmaler. Heute sind einige sehr geschätzt, früher hat man sie oft als Pfuscher und Stümper abgetan. In vielen Fällen sicher mit Recht, denn nicht jeder Hausmaler war hochbegabt. Die Manufakturen Meißen und Wien hatten mit ihren heimlich zu Hause malenden Fabrikmalern genug Ärger. Sie beschafften sich weißes Porzellan – als Deputat stand ihnen eine mittelgute Qualität sowieso zu – und verkauften es bemalt.

Ausgezeichnete Hausmaler gab es dort, wo man schon Erfahrung mit der Feuermalerei durch die Fayence- und Glasmalerei und Metallverzierung hatte, so in Augsburg, Breslau und Bayreuth. Während in Meißen noch bis 1717 vor allem kalt gemalt wurde, also mit Lackfarben und Blattgold, war man hier schon fortschrittlich.

Der Augsburger Johannes Auffenwerth arbeitete schon mit Schwarz, Eisenrot, einem Grün und einem Purpurviolett und mit Gold und Silber. Er bekam laufend weißes Porzellan zum Bemalen von Meißen geliefert, bis sich die Fabrikmalerei technisch und künstlerisch sehr verbessert hatte und auf seine Dienste verzichten konnte. Nach seinem Tode 1728 wurde seine Werkstatt, die er mit seiner Tochter geführt hatte, geschlossen.

1729 verbot Meißen den Verkauf von weißem Porzellan, doch heimlich ging er weiter, und in Jahrmarktsbuden wurde sogar der Ausschuß, das *Brack*, verkauft.

Weinlaubmuster in Unterglasurchromgrün
Meißen 1817

Ausschnitt aus einer Bataillenmalerei 1768–1774

Am bekanntesten sind von Auffenwerth aus der Zeit von 1715 bis 1725 Interieurs, ländliche Szenen nach Bildern von Watteau und Chinoiserien, die die Malerei in Meißen beeinflußt haben. Höroldt hat die goldenen und farbigen Chinesenfigürchen zu seinem unverkennbaren Stil weiterentwickelt.

Der Breslauer *Ignaz Bottengruber* war einer der bedeutendsten Hausmaler. Er arbeitete für die Wiener Manufaktur. Seine bevorzugten Dekors waren lebensvolle mythologische Szenen, dichtgedrängte Bacchantinnen und Bacchanten, Kriegsszenen und Jagdbilder in guten Farben. Typisch für ihn sind außerdem Dekors mit reichem Laub- und Bandelwerk, wie es in Wien seit der Régence-Zeit beliebt war.

Ebenfalls in Breslau arbeiteten sein Schüler Carl Ferdinand von Wolfsburg und die zwei begabten Schwarzlotmaler Daniel und Ignaz Preußler.

Die *Schwarzlotmalerei* war eine typische Hausmalertechnik. Ursprünglich schon im Mittelalter für die Malerei auf Kirchenfenstern entwickelt, wurde sie in der zweiten Hälfte des 17. Jahrhunderts besonders in Nürnberg auch von den Fayence-Malern angewandt. Diese braune bis schwarze, oft mit Gold überhöhte Ton-in-Ton-Malerei setzten die Porzellanmaler im 18. Jahrhundert mit Vorliebe auf buntes oder blauweißes chinesisches Porzellan. Es gibt eine Schale, in deren farbig gemalte chinesische Landschaft ein europäisches strohgedecktes Bauernhaus in Schwarzlot hineingemalt wurde. Manchmal genügte auch ein anspruchsloserer Dekor von Laubwerk und etwas Gold als europäische Ergänzung.

Aus Böhmen kam um 1720 eine Kombination mit Eisenrot.

Meißen übernahm die Schwarzlotmalerei von Auffenwerth, Wien von Bottengruber. Besonders in Wien wurde sie unter *Du Paquier* gepflegt. 1740 benutzte *Jakob Helchis* in Wien erstmalig statt des Pinsels eine Kielfeder und machte ganz feingestrichelte Zeichnungen, die wie Kupferstiche aussehen.

Um die Mitte des 18. Jahrhunderts wurde die Hausmalerei seltener. Meißen hatte seit 1760 eingeführt, Ausschußporzellan mit einem Schliff durch die Schwertermarke zu kennzeichnen und dadurch der Malerei außerhalb der Manufaktur Einhalt zu gebieten.

Feine Malereien in heiteren Farben nach Stichen von Nilson kamen in der Zeit von 1745 bis 1765 von *Franz Ferdinand Mayer* aus dem böhmischen Preßnitz.

In Bayreuth malten um 1740 *Johann Friedrich Metzsch* und *Johann Christoph Jucht* auf Porzellan, das sie aus Meißen beschaffen mußten. Farben standen Jucht schon in einer guten Auswahl zur Verfügung, und die Malerei war recht qualitätsvoll.

Gegen Ende des 18. Jahrhunderts verlor die Hausmalerei ganz an Bedeutung. Die Manufakturen hatten sich technisch sehr verbessert und konnten preisgünstig verkaufen. Es gab jetzt so viele Manufakturen, daß die wenigen Hausmaler keine Konkurrenz mehr waren. Das Verkaufsverbot für weißes Porzellan wurde daher um 1800 endgültig aufgehoben.

Die Porzellanmalerei fand begeisterte Anhänger unter den Amateuren. Damen des Adels und der Gesellschaft übten sich manchmal sehr erfolgreich in dieser Kunst. Besonders in England war es ein beliebtes Hobby, ganze Service zu bemalen und in den Fabriken brennen zu lassen. Von Goethe weiß man, daß er Frau von Stein eine selbstbemalte Tasse geschenkt hat.

Etwas besonders Ausgefallenes waren die mit einem Diamanten eingeritzten und mit Lampenruß sichtbar gemachten Ruinenlandschaften des Hildesheimer Kanonikus *August Otto Ernst von dem Busch*.

Die Galanterien

Ein besonders liebenswürdiges Gebiet sind die Galanterien des 18. Jahrhunderts, die mit großer Sorgfalt modellierten und bemalten *Gebrauchs-* und *Luxusgegenstände.*

Da gibt es eine Unmenge Dosen, runde, ovale, und viereckige, die vor allem als Tabatieren benutzt wurden. Die überlieferten

Riechfläschchen aus Chelsea (England) ›Chelsea-Toy‹ um 1765

Preise zeigen, wie hoch die künstlerische Arbeit eingeschätzt wurde. Innen und außen fein bemalt mit Blumen, Früchten, Landschaften und Figuren, auch kombiniert, beispielsweise außen Früchte und innen Landschaften, sind sie wirkliche Kunstwerke. In fürstlichen Kreisen wurde ein ungeheurer Luxus mit diesen kleinen Dingen getrieben. Die Döschen aus Porzellan hatten den Vorteil, daß sie ganz persönlich bemalt werden konnten, mit Porträts auf der Innenseite des Deckels, mit Widmungen oder Wappen, und als bedeutungsvolle Geschenke vergeben werden konnten.

Nicht weniger liebevoll wurden Pfeifenköpfe behandelt und wirklich als Köpfe modelliert. Vor allem Frauenköpfe waren sehr beliebt, doch es gab auch Husaren, Polen und Türken. Zum Pfeiferauchen ist der Pfeifenstopfer unentbehrlich. Ganz reizend sind die ›Jungfernbeinchen‹, die dann im Biedermeier oft noch einen Floh als Ergänzung bekamen.

Attribut des Kavaliers war im 18. Jahrhundert neben dem Degen der Stock mit Knopf oder Krücke. Außer bemalten Porzellanköpfen und -krücken gab es bezaubernd modellierte Köpfchen, kleine Meisterwerke großer Künstler. Die Herren trugen auch bemalte Knöpfe aus Porzellan. Die kleinen Dinge für die Damen waren noch viel zahlreicher, zum Beispiel Ohrgehänge, Nähutensilien wie Fingerhüte und Nadelbüchsen, Schwammbüchsen für parfümgetränkte Schwämmchen, Etuis für kleine Instrumente, Taschenuhrengehäuse, Tischglocken und Toilettentischgarnituren mit all den vielen dazugehörigen Kleinigkeiten. Riechfläschchen waren sehr beliebt. Meißen stellte Figürchen als Flakons her, doch berühmt geworden sind die Fläschchen der englischen Manufaktur Chelsea, die sich durch Einfallsreichtum und Charme auszeichnen. Es gibt kein Thema der zeitgenössischen Figurenplastik, das nicht als *Chelsea-Toy* erschienen wäre.

Der Stilwandel des Geschirrs im 18. Jahrhundert in Stichworten und Zeichnungen

Im *Barock* einfache Formen, entweder chinesischen Vorbildern oder Gold- und Silberschmiedearbeiten nachempfunden.

Malerei: ›Indianische Blumen‹ und Chinoiserien in Gold und in Farbe.

In Meißen wunderbare Fondfarben mit Reserven und Blumenmalerei. Ornamentale Umrandungen: Behangmuster, Goldspitzenmuster (Meißen), Laub- und Bandelwerk (Wien).

Vase aus Meißen mit Reserven, in denen Chinesen gemalt sind. 1730–1735

Der *Übergang zum Rokoko* wurde durch Kändlers ›Schwanenservice‹ bestimmt. Bewegte barocke Formen, Übernahme der Rocaille als plastisches und malerisches Element.

Malerei: Die Chinesen verschwanden allmählich.

Im *Rokoko* wurden die von Kändler entwickelten Formen beibehalten, nur etwas verfeinert.

Malerei: Große Zeit der Porzellanmalerei! Europäische Motive standen im Vordergrund: Hafenszenen, Landschaften, Watteauszenen, auch Ton in Ton (Camaïeu), Schäferszenen, Kriegs- und Jagdbilder, Tiere (Geflügel!), Blumen (›Deutsche Blumen‹ statt der ›Indianischen‹. Zunächst Blumen mit Schatten oder ombrierte Blumen, dann Streublümchen und große, lockere Buketts).

Miniaturporträts auf Dosen, selten in größerem Format. Ornamentale Umrandungen: Asymmetrische Rocaillen als Relief (Reliefzierat), auch in Verbindung mit Malerei, Trilagen (an einer Seite offene geschwungene Spaliere). Flächenornamente: Mosaiken, Schuppen und Gitter.

Der *Übergang zum Klassizismus (Louisseize)* brachte geradere Formen, statt der Rocaille als Szenenumrandung geschlossene Kränze aus Blumen und Blättern.

Malerei: Veränderung der Genremalerei zum Rustikalen, statt Schäferszenen bäuerliche Themen, Viehstücke statt der Jagdbilder. Blumen als Monogramm und zu Girlanden gewunden, oft mit Schleifen. Putten und mythologische Themen.

Szenen aus ›Minna von Barnhelm‹ und ›Werther‹ auf Porzellan. Ruinen und englische Parklandschaften.

Klassizismus/Empire: Glatte, strenge, kühle Formen, Anlehnung an antike Vorbilder wie Amphoren, Urnen, Krater und Ornamente.

Malerei: Nachbildung der in Herculaneum und Pompeji entdeckten Fresken, Grau-in-Grau-(Grisaille-)Malerei, Porträt-Silhouette, Vedutenmalerei und Bataillen (Kriegsszenen). Blumen in botanischer Genauigkeit, Blumen en terrasse, symbolische Blumen, geblümter Stoffmustergrund.

Bildumrandung als viereckige Goldrandeinfassung. Imitation farbigen Gesteins, oft überreiche Bemalung und Vergoldung, Nachahmung chinesischer Lackarbeiten (Wien).

Teekanne aus Meißen um 1720

Meißen um 1730

Meißener Kännchen von 1736

Wien 1719 (Du Paquier)
Das Original der Tasse
trägt die Inschrift:
Gott allein die Ehr'.

Kaffeekanne, Milchkännchen
und Tasse von Fürstenberg um 1760–1765

Potpourri-Vase (Riechvase)
Fürstenberg 1765
Diese oft reichlich durchbrochenen Deckelvasen wurden mit Lavendel, Rosenblättern o. ä. gefüllt.

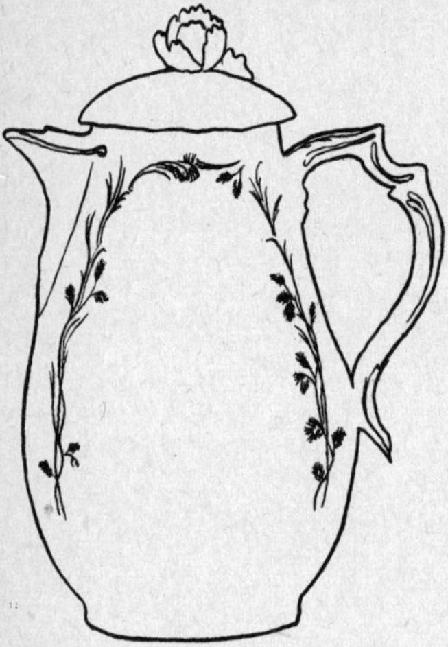

Eine Kanne von 1766 mit dem zierlichen Dekor ›Neuzierat‹, den Berlin ebenso wie den ›Antikzierat‹ und den ›Reliefzierat‹ entwickelt hat.

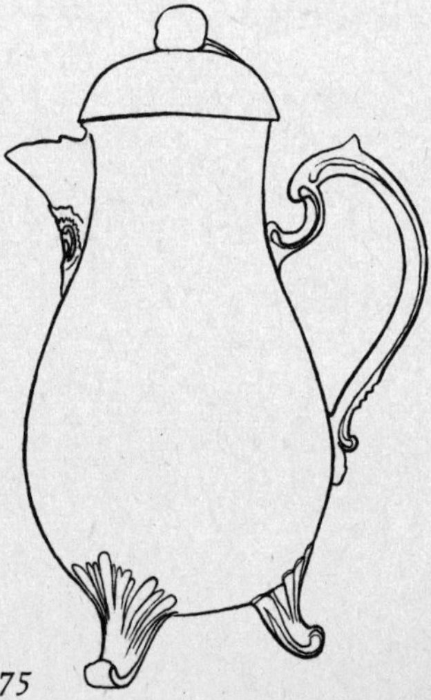

Kanne aus Ludwigsburg 1770—1775

Kanne aus Berlin um 1780

Berliner Kaffeekanne um 1782

Eine Teekanne aus Sèvres um 1760

Teekanne mit einer grotesken Maske am Ansatz der Schnute Berlin, Gotzkowski-Zeit 1763

Die strenge Form einer Teekanne aus Wien um 1780

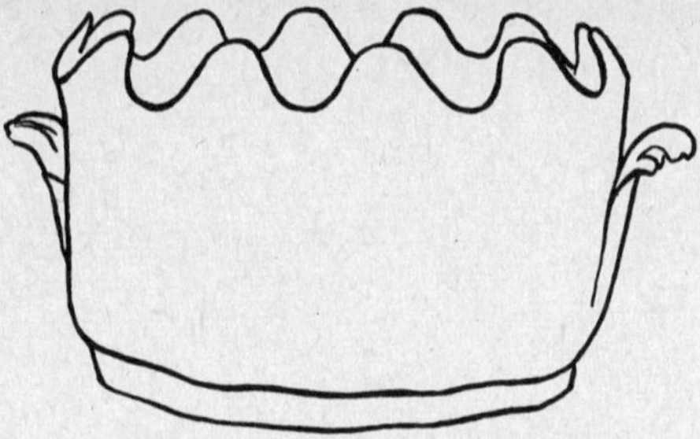

Gläserkühler um 1770
Die Gläser wurden mit
dem Fuß in den Schwingungen
des Randes eingehängt.

Deckeltasse,
hier eine Zittertasse.
1780 Fürstenberg.

Trembleuse (Zittertasse)
Wien um 1760.

Tassenformen aus Berlin von 1790–1815

Terrine aus der Zeit Du Paquiers
Wien 1730–1740

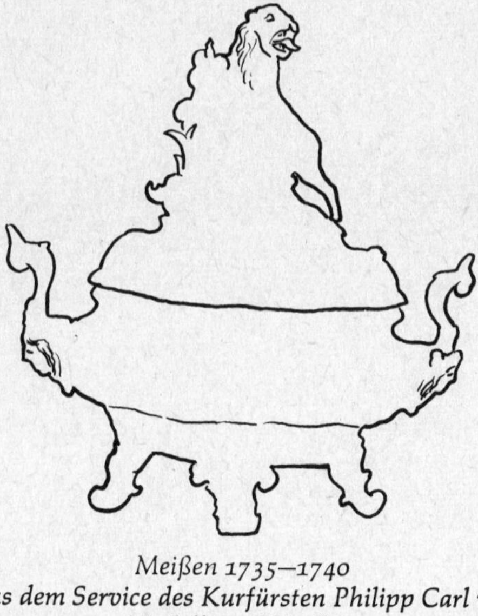

Meißen 1735–1740
Terrine aus dem Service des Kurfürsten Philipp Carl von Mainz
Modell von Kändler.

Meißen um 1738
Modell von Kändler für den Kurfürsten Clemens August von Köln

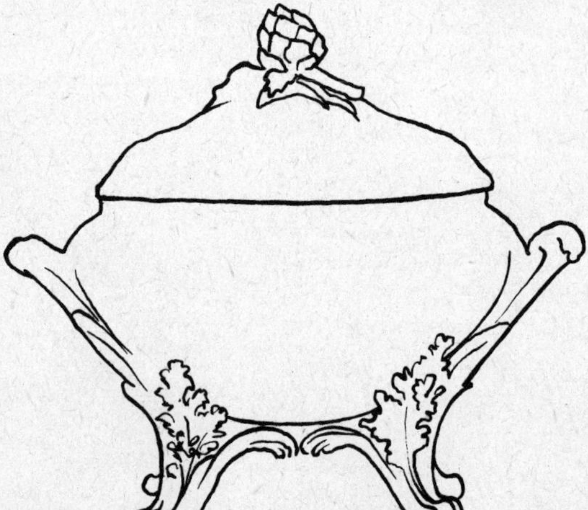

Terrine von einem Sèvres-Service
1759

Terrine aus dem Perlservice von Auliczek. Nymphenburg 1792/95

Terrine des Feldherrenservices von Schadow, Berlin 1820.

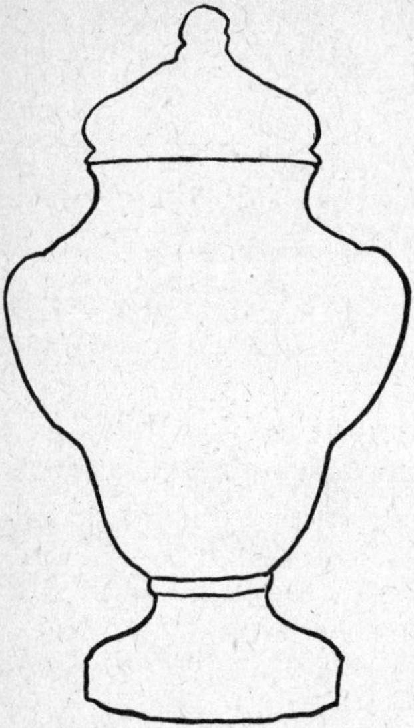

Vase aus Sèvres

Böhmische Vase (1839)

Blütenförmige Schale mit Überglasmalerei in der Art des Kakiëmon, Arita, Japan

Meißen, um 1715: Geschliffenes Gefäß (Böttgersteinzeug) und Flasche aus Böttgerporzellan (oben) – Porzellangeschirr mit Chinesenmalerei (unten)

Meißen: Teekännchen mit ›Höroldt-Chinesen‹, um 1725 (oben) — Vase mit ›indianischen Blumen‹, Höroldtmalerei um 1730/35 und ›Schneeballvase‹ mit Vögeln, um 1740 (unten)

Terrine aus dem berühmten ›Schwanenservice‹ von Johann Joachim Kändler, Meißen 1737–1741 – Die vielgliedrige Terrine erinnert an die alten Tafelaufsätze aus Zuckerwerk, die als Schauessen aufgestellt wurden. Der Hofkonditor Lachapelle soll Kändler bei der Arbeit am Schwanenservice beraten haben

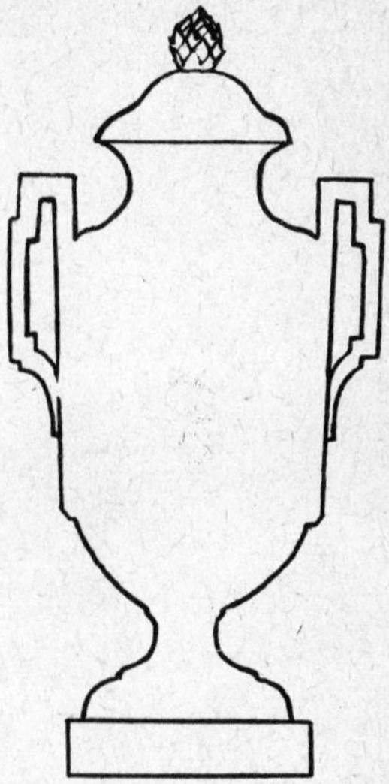

Fürstenberg
Ende des 18. Jhs.

Nymphenburg 1821

Teekanne aus Berlin um 1818

Die Porzellanfiguren des 18. Jahrhunderts

Der berühmte Archäologe Johann Joachim Winckelmann (1717 bis 1768) nannte die kleinen buntbemalten Porzellanfiguren, die wir so hoch schätzen und heute als Glanzpunkt der europäischen Porzellanentwicklung werten, verächtlich ›lächerliche Puppen‹. Abgesehen von ihrer künstlerischen Bedeutung – denn oft sind sie die kleinsten, aber berühmtesten Werke großer Bildhauer – geben sie ein interessantes und heiter-kapriziöses Bild des höfischen und bürgerlichen Lebens im 18. Jahrhundert. Kummer und Schmerzen gab es nicht in Porzellan, doch viele aktuelle Themen wurden von allen europäischen Manufakturen immer wieder liebevoll gestaltet.

Schon früh, 1715 bis 1720, wurden in Meißen aus Böttger-Steinzeug hervorragend modellierte Figuren der italienischen Komödie (Commedia dell'Arte) und zwergenhafte Gestalten nach Kupferstichen des französischen Malers *Jacques Callot* (1592–1635) hergestellt, doch erst mit *Johann Joachim Kändler* setzte in Meißen 1731 eine überragende Entwicklung der Porzellanplastik ein. König und Künstler, beide temperamentvolle Barocknaturen, begeisterten sich gegenseitig und gaben einander Anregungen. Diese notwendige Übereinstimmung war für die Ausstattung des Japanischen Palais mit überlebensgroßen Apostel- und Heiligenfiguren (August war 1697 zum Katholizismus übergetreten, um König von Polen werden zu können), Tieren und Vasen und einem Glokkenspiel ein außergewöhnlicher Glücksfall. Kändlers Vorgänger, Gottlieb Kirchner, verließ nach zweijähriger Zusammenarbeit mit Kändler die Manufaktur 1733. Im gleichen Jahr starb der König.

Kändler war von einem ungeheuren Schaffensdrang beseelt. Er eroberte das Porzellan, das auch ihm am Anfang, besonders bei den großen Figuren, Schwierigkeiten gemacht hatte. Unter seinen Händen entstanden viele Figuren, Gruppen und Tiere, die für die Porzellanplastik des 18. Jahrhunderts vorbildlich wurden. Vor allem die Tierplastik muß mit Meißen in einem Atem genannt werden, denn sie verdankt ihr Entstehen in diesem Umfang dem für heimische und ausländische Tiere und für die Jagd begeisterten König und dessen Porzellanleidenschaft.

Die Tiere für das Japanische Palais sollten in Lebensgröße gestaltet werden. Große Tiergehege, Fasanerien, Fischteiche und

Exotisches Raubtier für das Japanische Palais
Modell von Johann Gottlieb Kirchner um 1730

Hetzgärten für die Jagd beherbergten heimische und fremde Tierarten, die den Künstlern für ihr Studium zur Verfügung standen.

Kirchner hatte schon mit großen weißen, etwas starren und bizarren Tieren für das Japanische Palais begonnen, als Kändler nach Meißen kam. Bis zu Kirchners Weggang arbeiteten sie dann trotz Spannungen gemeinsam an der großen Aufgabe, die später Kändler allein übernahm. Und es gibt wohl kaum ein Tier, das nicht in Porzellan gebildet worden wäre. Das Hauptverdienst daran gebührt Kändler. Seine auf das Wesentliche beschränkten Darstellungen der vielen Vögel, des Wildes und der exotischen Tiere, die unter seiner Anleitung wundervoll bemalt wurden, setzten den Maßstab für die gesamte europäische Tierplastik.

Ein weites Feld für die Porzellankunst und ein typisches Thema des 18. Jahrhunderts war natürlich *China.* In der frühen Zeit wurden Kuan Yins und die kleinen hockenden Räucherchinesen (in Europa oft fälschlich Pagoden genannt) nach chinesischen Vorbildern getreu nachgeformt, aber langsam löste man sich immer mehr von diesen Vorlagen und europäisierte die Chinesen. Das führte auf allen Gebieten der Kunst und des Kunsthandwerks zu den reizvollen Chinoiserien, die als Einlegearbeiten die Möbel schmückten und für Lackmalerei, Porzellanmalerei und Figuren unerschöpflichen Stoff boten. Kändler hat in Meißen feine Chinesengruppen geschaffen, Bustelli in Nymphenburg bewegte Figuren; aus Frankenthal, Höchst und Ludwigsburg kamen bewundernswerte Gruppen von Lück und Melchior. Die letzten guten Chinesenfiguren hat Elias Meyer 1768 in Berlin geschaffen, nachdem sie in der Malerei schon verschwunden waren.

Aber nicht nur Chinesen, auch *Türken* in phantastischer Gewandung waren beliebt. Manchmal haben sie europäische Gesichter, und man könnte auch verkleidete Europäer in ihnen vermuten, denn die Maskerade war an den Höfen ein beliebtes Gesellschaftsspiel.

Man weiß auch nie ganz genau, ob die hübschen Landmädchen, Bauern, Fischer, Gärtner, Winzer und Musikanten nicht vielleicht Damen und Herren der Gesellschaft waren. Man liebte es, sich wie die einfachen Leute zu kleiden, und amüsierte sich als Schäfer und Schäferin bei koketten und frivolen Spielen.

Alle Manufakturen haben die unbeschwerte Heiterkeit und den bezaubernden Leichtsinn dieser Zeit in ihren köstlichen *Schäferszenen* festgehalten.

Durch den engen Kontakt der Manufakturen mit den Höfen im 18. Jahrhundert erklärt sich die Vertrautheit der Künstler mit dem Hofleben. Die vielen pikanten Liebesgeschichten, die kleinen Episoden und galanten Abenteuer in Porzellan zeigen, wie elegant und geschmackssicher die Künstler ihre Aufgaben gelöst haben. Mehrere Paare und Einzelfiguren, Kavaliere und Damen, Pagen und Zofen, gehörten fast immer zu einer ganzen Szene, die beliebig zusammengestellt werden konnte.

Auch die Bürgersleute und Handwerker waren beliebte Objekte. Soldaten und Quacksalber, Straßenhändler oder Ausrufer sind uns in Porzellan gegenwärtig geblieben — und immer wieder *Kinder,* bürgerliche und bäuerliche Kinder und Kinder als allegorische Gestalten, als Putten und Amoretten.

Diese kleinen Figuren waren nur in seltenen Fällen als Porträts gedacht. Dem Porträt waren die Büste und das Reliefmedaillon vorbehalten, fast immer in Weiß, höchstens mit kleinen farbigen Zutaten wie Orden oder Dekoration des Sockels. Es gab auch Darstellungen von Persönlichkeiten als stehende Figur oder zu Pferde. Im späten 18. Jahrhundert wurde dann dafür immer häufiger das ganz weiße, unglasierte Biskuit-Porzellan verwendet.

Zu den gesellschaftlichen Ereignissen gehörte die sportliche *Jagd.* Bei jedem Hoffest wurde eine Jagd veranstaltet, an der auch Damen teilnahmen. Die Parforcejagd, die Jagd mit dem Falken und die Geflügeljagden gaben den Künstlern immer wieder Stoff für ihre Darstellungen in Porzellan.

Nymphenburg brachte für den jagdfreudigen bayerischen Hof mehrere Tischdekorationen heraus, so die ›Große grüne Jagd‹, die ›Kleine gelbe Jagd‹ und die von Bustelli stammende ›Nymphenburger Jagd‹. Von den schönen Gruppen anderer Manufakturen sind besonders die kleinere ›Halali-Gruppe‹ von Lanz und die größere ›Der Jäger aus Kurpfalz‹, von Lück, beide Frankenthal, sowie das zierliche Entenjägerpaar von Melchior in Höchst zu erwähnen.

Die Thüringer Manufakturen brachten kaum Jagdmotive, denn sie arbeiteten für bürgerliche Abnehmer, und die Jagd war ein Vorrecht des Adels.

Eines der schönsten und unerschöpflichen Themen war das *Theater,* und es gibt kaum eine Manufaktur, die nicht Figuren der italienischen Komödie, der Commedia dell'Arte, geschaffen hat. Meißen brachte die ersten Komödienfiguren schon nach 1715 in Böttger-

Schauspielfigur aus Capodimonte (Italien) um 1750

Steinzeug heraus, und seitdem sind die Künstler immer wieder ihrem Zauber erlegen.

Diese Figuren werden wohl weniger nach Vorlagen als nach den ungemein beweglichen lebenden Darstellern selbst modelliert worden sein, denn eine italienische Stegreifkomödie muß jeden Bildhauer und Maler angeregt haben. Absoluter Höhepunkt sind die acht Paare, die Bustelli für die Manufaktur Nymphenburg schuf, kapriziöse, extrem bewegte, elegante Gestalten, die an die Schule der oberbayerischen Holzbildhauer mit Ignaz Günther denken lassen, von der Bustelli wahrscheinlich beeinflußt war.

Seit etwa 1770 verlor die italienische Komödie an Volkstümlichkeit, dafür trat bis zum Ende des Jahrhunderts das *französische* Schauspiel mit antiken und mythologischen Stoffen in den Vordergrund. Es wurde wie die Oper im typischen französischen Barocktheaterkostüm gespielt. Die antiken Helden traten mit Perücken und federbekrönten Helmen, mit knappem Oberteil, kurzem Reifrock und Stiefeln auf. Nur die Attribute machten erkenntlich, um wen es sich handelte.

Auch das verschwenderisch ausgestattete *Ballett* wurde in Porzellan festgehalten. Die berühmten Tänzerinnen Camaro und Sallé wurden von Frankenthal porträtiert, und Ludwigsburg bildete 1763 für Herzog Carl Eugen von Württemberg ein ganzes Ballett in Form eines Tafelaufsatzes mit dem Titel ›Le Bassin de Neptune‹ nach.

Auch die *Musik* bekam ihre Figuren! Köstlich sind die flotten Fürstenberger Musikanten und die verschlampten Ludwigsburger Solisten, 1765 von Beyer modelliert. Von Kändler gibt es eine zärtliche Szene am Spinett und von Bustelli den von einer ein Xylophon spielenden Dame gestörten Schläfer.

Alle Manufakturen haben feine, oft amüsante, auf allen möglichen Instrumenten musizierende Figuren und Gruppen geschaffen. Die originellste ist sicher die von Kändler und Reinicke aus Meißen stammende Affenkapelle in Allongeperücken und höfischen Kleidern. Dieser Spaß wurde von Rombrich in Fürstenberg kopiert.

Die *Mythologie* nahm in der Produktion der Manufakturen einen großen Raum ein. Künstlern und gebildeten Bürgern waren die antiken Götter- und Heldensagen und die Werke der klassischen Dichter vertraut. Winckelmanns Ausgrabungen und seine Schrift über die Kunst des Altertums steigerten das Interesse an der Antike.

Kändler schuf um 1750 bis 1760 in Meißen seinen ›Berg des Parnaß‹, eine große Gruppe mit Apollo, Pegasus und den neun Musen. Von Konrad Linck in Frankenthal stammen aus seiner besten Zeit um 1770 Szenen wie ›Meleager und Atalante‹, ›Okeanos und Thetis‹ und ›Paris und Helena‹.

Diese mythologischen Themen wurden später nur noch in Biskuit-Porzellan hergestellt, da das kühle, matte Weiß mehr Winckelmanns Vorstellungen nach ›edler Einfalt und stiller Größe‹ entsprach. Schwer ist es manchmal, den wahren Charakter der damals so beliebten *allegorischen Figuren* zu deuten. Die reizvollen und interessanten Personifizierungen sind für uns heute leider oft sehr verschlüsselt. Darstellungen der Elemente und der Jahreszeiten, der Erdteile, der freien Künste, der fünf Sinne oder zwölf Monate und der Liebe sind meistens leicht zu erkennen. Da gibt es zum Beispiel für den Winter reizende Figürchen mit Muff. Der Herbst hat den Korb mit Früchten als Attribut. Linck in Frankenthal hat die vier Jahreszeiten in kleinen Porträtbüsten symbolisiert. Amerika ist manchmal als farbenfroher Indianer mit einem Alligator dargestellt; Europa reitet zuweilen auf einem Stier, und Afrika tritt oft als barocker Negerfürst auf. Eine Figur mit einem Bauplan in der Hand, die vielleicht neben einem Säulenkapitell steht, verkörpert sicher die Baukunst. Dagegen sind zeitgebundene Allegorien über Friedensschlüsse oder Verträge schwerer zu verstehen.

Figuren der italienischen Komödie (Commedia dell'arte) gezeichnet nach Modellen von Anton Bustelli

Bustellis Figuren weichen in ihrer höfischen Grazie von dem derben Volkstheater, das die Commedia dell'arte ursprünglich war, ab, und man nimmt an, daß sie nach Personen des Hoflebens modelliert worden sind.

Die alte italienische Komödie begeisterte ihre Zuschauer durch temperamentvoll vorgetragene Zeitsatire, Schlagfertigkeit, anständige und unanständige Witze und unvergleichliche Mimik ihrer Darsteller. Ihre feststehenden Typen traten immer mit Charaktermasken auf.

Pantalone ist ein etwas mißtrauischer Alter mit spitzer Nase und Bart. Da er auch geizig ist, versteckt er seine Hände auf dem Rücken unter einem langen schwarzen Mantel. Er trägt dazu immer rote Beinkleider. Harlequin ist oft sein Diener.

Harlequin (Arlecchino) im enganliegenden Flickengewand ist eine der ältesten Komödienfiguren. Er treibt viel Unsinn und erinnert an unseren Clown. Seine Frau ist ähnlich gekleidet.

Capitanos Anblick ist furchterregend. Meist trägt er das Messer gezückt. Er ist unwiderstehlich auch für Frauen, aber ein großer Held ist er nicht, und gutes Essen schätzt er sehr.

Scaramuz erscheint erst im 17. Jh. Erstmalig trat ein berühmter Komiker aus Neapel unter diesem Namen auf. Er unterrichtete auch Molière und war in Frankreich sehr beliebt. Scaramuz ist meist schwarz gekleidet.

Mezzetin war ursprünglich auch der Theatername für einen Komiker, der sich durch bissige Bemerkungen bei Ludwig XIV. und August dem Starken unbeliebt machte.

Pulcinella aus Neapel ist das Vorbild für den deutschen Hanswurst und den englischen Punch. Sein Ursprung soll in der vorrömischen Zeit liegen.

Er trägt einen weiten weißen Kittel mit einer Krause um den Hals und dazu eine weiße Hose und einen spitzen Hut. Sonstige Attribute sind Bauch und Höcker.

Brighella stammt aus Frankreich. Er ist der Intrigant.

Pierrot (Pedrolino, Giglio, Gilles), der einfältige Diener ist auch französischen Ursprungs.

Mezzetin, Scaramuz und Harlequin treten oft als Diener vornehmer Herren auf.

Oktavio ist immer schmachtender Liebhaber.

Die Frauenrollen waren weniger feststehend als die Männerrollen. Statt der Charakterkostüme trugen sie modische Kleidung oder Phantasiekostüme, ihrer Erscheinung und ihrem Geschmack entsprechend.

Pantalone

Julia

Capitano

Scaramuz

Leda

Pierrot

Colombine

Donna Martina

Dottore

Der Stilwandel der Porzellanfiguren des 18. Jahrhunderts in Stichworten

Figuren des Barock sind ausdrucksvoll modelliert, kraftvoll, mit großer Bewegung. Zu ihnen gehören noch die frühen grotesken Callot-Figuren und die Komödienfiguren in Böttger-Steinzeug aus Meißen, die großen Apostelfiguren und die lebensgroßen Tiere in weißglasiertem Porzellan von Kirchner und Kändler für das Japanische Palais.

Chinesenfiguren wurden in dieser Zeit nach chinesischen Vorbildern gestaltet.

Den *Übergang zum Rokoko* förderte Kändler schon vor 1740. Seine Figuren verfeinerten sich und wurden jetzt mit schönen, kräftigen Farben bemalt. Die Kleider der Damen bekamen oft großblumige Muster.

Die Chinesen wurden zu europäisch empfundenen Chinoiserien. Die Sockel der Figuren sind flach, von rundlicher oder ovaler Form, manchmal mit darauf modellierten Blumen, und großzügig bemalt.

Im *Rokoko* wurden die Figuren noch feiner (Bustelli). Man liebte zarte gebrochene Farben. Schwarz gab es nur für die notwendigsten Dinge wie Schuhe, Schnallen oder Hüte. Die Haut wurde weiß gelassen, nur für Lippen, Wangen, Augenwinkel und Nasenlöcher wurde etwas Rot verwendet. Der Sockel änderte sich. Zuerst erschienen kleine plastische Rocaillen an der Oberfläche, schließlich schwang der ganze Boden in Rocaillen, die sich leicht und heiter bis in die Dekoration einer Szene fortsetzten. Meisterhaft bei Bustelli gestaltet.

Die aus Muschelformen entwickelte Rocaille ist das Hauptornament des Rokoko.

Übergangszeit zum Klassizismus zwischen 1760 und 1770 unter französischem Einfluß. Bedeutender Vertreter Konrad Linck in Frankenthal. Elegante Figuren mit feinen Gesichtern, noch zarte Farben, aber auch kräftigere Töne; die Haut wurde rosa gemalt. Die Sockel näherten sich allgemein rechteckigen Postamenten. Für Melchior in Höchst waren übereinandergeschichtete Felsplatten typisch. Der starke Einfluß des französischen Stils förderte im *Klassizismus* das um die Mitte des Jahrhunderts in Sèvres entwickelte Biskuit-Porzellan, das den antiken Marmorvorbildern entsprach. Auch Standbilder bekannter Meister wurden verkleinert in Biskuit-Porzellan ausgeführt.

Die farbige Kleinplastik stellte Landleben und bürgerliches Leben dar. Die Farben wurden kräftiger, dunkler, die Muster gröber. Die Tradition dieser kleinen Figuren blieb noch über das Biedermeier hinaus bis um die Mitte des 19. Jahrhunderts erhalten.

Deutsche schattierte Blume (Saxe ombrée)
Meißen 1740

Das 19. Jahrhundert und der Jugendstil

1895–1910

Im 18. Jahrhundert war das Porzellan ein wichtiger künstlerischer Ausdruck der Zeit. Es war zu einem großartigen Repräsentationsmittel der Fürsten geworden. Form und Dekor bildeten noch bis in den Klassizismus hinein eine Einheit. Gegen Ende des Jahrhunderts verblaßte jedoch die Faszination des Porzellans. Die Herstellung war kein Geheimnis mehr, und die Künstler degradierten es zum Malgrund. Manches Ölgemälde wurde auf Porzellan übertragen, und auch die überreich dekorierten Prunkgefäße um die Jahrhundertwende bringen das schöne Material kaum noch zur Geltung. Die lebendige Wärme, die Figuren von Kändler oder Bustelli vermittelten, ging verloren.

Die Manufakturen hatten wirtschaftliche Schwierigkeiten, denn die Kriege Napoleons hatten Europa arm gemacht. Einige Manufakturen, die auf fürstliche Schirmherrschaft angewiesen waren, stellten Anfang des 19. Jahrhunderts die Arbeit ein. Die gesellschaftliche Umschichtung erforderte auch einen anderen Geschäftsbetrieb.

Die Manufakturen Fürstenberg und Nymphenburg wurden im Laufe des Jahrhunderts in Privathand verpachtet; andere Manufakturen bemühten sich, die Konkurrenz des englischen Steinguts, das seit dem Zusammenbruch der Kontinentalsperre 1812 bis Mitte des Jahrhunderts den Markt beherrschte, zu bekämpfen und im Geschäft zu bleiben. 1810 wurde auch in Berlin das 1752 in Liverpool patentierte Umdruckverfahren, das der Tod der Porzellanmalerei war, eingeführt, 1814 in Meißen. Um mit der Zeit zu gehen, bezog Meißen aus Etruria die in Serien geformten Reliefs, die für die Wedgwood-Jasperware typisch sind, zur Dekoration des Porzellans.

Die Gründung des Zollvereins 1828 und endlich die Aufhebung der Binnenzölle 1834 verkleinerten zwar nicht die Konkurrenz, förderten aber den freien Handel.

1814 gründete *Carl Magnus Hutschenreuther*, ein ehemaliger Porzellanmaler aus Wallendorf, in Hohenberg an der Eger in Bayern eine Fabrik, die mit der seines Sohnes Lorenz in Selb heute zu einem Großunternehmen geworden ist. Es kam hier zunächst weniger auf künstlerische Leistung als auf Wirtschaftlichkeit an.

In der Zeit der Stilerneuerung hat sich besonders *Philipp Rosenthal* um die künstlerische Gestaltung des Porzellans verdient gemacht. Sein Werk entstand 1867 in Selb aus kleinsten Anfängen und ist heute die größte Porzellanfabrik Deutschlands.

Unsicherheit auf allen Gebieten der Kunst und planloses Suchen nach neuen Lösungen waren das Kennzeichen des 19. Jahrhunderts, bis sich dann in den letzten Jahren der Jugendstil (in Frankreich ›Nouveau Art‹ genannt) entwickelte.

Man ließ die alten Stile wiederaufleben. Waren die Nachahmungen antiker Vorbilder am Anfang des 19. Jahrhunderts noch recht glücklich gewesen, so bemühte sich nun um die Mitte des Jahrhunderts das ›zweite Rokoko‹ vergeblich, das 18. Jahrhundert wiederauferstehen zu lassen. Am schlimmsten war für das Porzellan der Rückgriff auf die Renaissance, also auf die Zeit, in der es in Europa noch gar kein Porzellan gegeben hat. Man half sich mit der Nachahmung italienischer Fayencen dieser Epoche, mit Delfter Barockfayencen und deutschen Tonkrügen.

In den vollgestopften, mit Plüsch ausstaffierten dunklen Räumen nach der Mitte des Jahrhunderts war aber für Porzellan wenig Platz, lediglich das blauweiße Meißener Zwiebelmuster und ähnliche Blauweißdekors waren als Eßgeschirr beliebt.

Rand zum Zwiebelmuster

›Neurenaissance‹, ›Neugotik‹, ›Neubarock‹ stimmten berufene Leute bedenklich. Die erste Weltausstellung 1851 in Paris zeigte im pompösen Rahmen den Einsichtigen die Unzulänglichkeit der künstlerischen Ausdrucksmittel. Je vollkommener das technische Können wurde, desto hilfloser stand man den künstlerischen Aufgaben gegenüber.

In England rebellierten schon seit einiger Zeit Künstler gegen die Industrialisierung. Vor allem *William Morris* setzte sich nachdrücklich für die Erneuerung des Kunsthandwerks nach Vorbildern des Mittelalters ein. Seine Auffassung von der Ganzheit der Kunst in Verbindung mit den Reformgedanken *John Ruskins* sind noch im Jugendstil zu spüren, dessen Vorläufer er war.

Prinz Albert beauftragte den deutschen Baumeister und Kunsttheoretiker *Gottfried Semper*, ein Reformprogramm zu entwickeln. Um diese Zeit wurde das ›Victoria und Albert Museum‹ gegründet. Auch in Berlin bemühte sich eine Kommission um die Besserung des Geschmacks und, nach Semper, um materialgerechte Behandlung des Porzellans.

Die Londoner Weltausstellung brachte 1862 die ersten Erfolge im Kunsthandwerk.

Inzwischen war es 1854 den Amerikanern gelungen, durch Kommodore Perry die Öffnung einiger japanischer Häfen zu erreichen. 1856 erschienen die ersten japanischen Holzschnitte in Paris und erregten bei den impressionistischen Malern Aufsehen und Begeisterung. Noch einmal war es der Ferne Osten, dessen Kunsttradition einen Weg wies.

Allmählich wurde überall, besonders in den kleinen Ateliers, experimentiert. Die töpfernden Künstler erkannten die Schönheit der scheinbaren Zufälligkeiten der chinesischen und japanischen Glasuren. Ihr Empfinden wurde geschult, und sie ließen sich anregen, mit Hilfe der Technik neue Möglichkeiten zu finden.

In viel größerem Umfange arbeiteten auch die Laboratorien der Porzellanmanufakturen Sèvres, Kopenhagen und Berlin, und es gelang, die wunderbaren chinesischen Fondfarben wie das ›Sang de bœuf‹, das ›Seladon‹ oder das ›Powder-blue‹ herzustellen.

Verdiente Pioniere waren *Jean Carriès*, der sich besonders für die Einheit von Form und Glasuren des Steinguts einsetzte; *Adolphe Clément* in Kopenhagen und in Berlin der Porzellanchemiker *Hermann Seger*, der nach japanischem Porzellan um 1880 ein Weichporzellan entwickelte, das den Arbeiten mit komplizierten

Glasuren, besonders mit den hitzeempfindlichen Metallglasuren, entgegenkam. Auch hier begeisterte das scheinbar Zufällige, das durch geschickte Behandlung der krakelierten und durch Zink- und Titanbeigaben kristallinischen Glasuren, durch Einsetzen der Farbe und Brandführung ungemein effektvoll sein konnte.

Für die malerische Gestaltung des Porzellans wurden neue Unterglasurtöne entwickelt. Zum Kobaltblau war 1817 in Meißen das Chromoxydgrün erfunden worden (Meißen-›Weinlaub‹). In den achtziger Jahren kamen grüne, braune und rote Töne dazu.

Ideale technische Voraussetzungen forderten die Künstler zu neuen Ideen heraus, aber am Geschirr als Gebrauchsgut konnte nicht allzuviel verändert werden. Eine breite Käuferschicht war zufriedenzustellen, und man beschränkte sich darauf, klare Formen zu entwickeln. Wohl ging man vom üblichen Runden auch einmal ab, doch man hielt sich von allem Extremen fern.

Ein schlichtes Teeservice in angedeuteter Stromlinienform mit ornamentalem Golddekor schuf *Henry van de Velde* 1903 für Meißen.

Nymphenburg brachte ein Service von Levallois heraus, Berlin das ›Wellenförmige‹ und das ›Fächerförmige‹ und die bedeutenden Service von *Theo Schmuz-Baudiß* ›Ceres‹ und ›Pensée‹ mit Stiefmütterchendekor. *Alf Wallander* in Rörstrand entwickelte um 1900 ein Teeservice mit unterglasurbemalten flachen Blumenreliefs.

Vasen erlaubten mehr Freiheit. Die anregenden Formen aus der Antike und aus Ostasien wurden oft mit sicherem Gefühl in den Proportionen verschoben. Eine neue Beziehung zur Blume ließ Gefäße in Blütenform entstehen. Für Malerei und plastischen Dekor bevorzugte man ungewöhnliche und bizarre Blumen, wie Iris, Orchideen, Klematis, oder ganz einfache, bisher übersehene und jetzt als schön entdeckte Gewächse, deren Stengel und Blätter man auch ornamental gestaltete.

Der Amerikaner David Haviland war schon vor 1870 in Limoges zu ganz neuen unfranzösischen Dekorationen gekommen. Seine Motive waren Gräser, Seetang, Muscheln und Krabben, die auch von anderen Malern weiterentwickelt wurden. Menschliche Figuren erschienen meist als Symbolgestalten. Nixen waren besonders typisch, aber auch zwischen Blütenstauden tanzende Frauen in Reformkleidern, wie sie Sèvres herausbrachte.

Die Staatsmanufakturen lieferten immer noch prunkvolle, virtuose Malereien auf Porzellan. Besonders in Sèvres wurde nach altem chinesischem Muster die Pinselreliefmalerei (pâte sur pâte) gepflegt. Die übereinandergelegten Schichten von Porzellanschlikker ergaben reliefartige Darstellungen, in deren Vertiefungen der farbige Grund durchschimmert.

Die wichtigste Erneuerung des Dekors ging von Kopenhagen aus. Die Manufaktur war 1882 von *Philipp Schou* erworben worden. 1885 berief Schou den Maler *Arnold Krog* (1856–1931) als künstlerischen Leiter. Mit ihm unternahm er im gleichen Jahr eine Studienreise nach England, Holland, Belgien und Frankreich. Die Anregungen, die Krog von dem Kreis der Pariser Japanfreunde empfing, entwickelte er zu einem dominierenden Malstil, der großen Einfluß auf die europäischen Manufakturen gewann.

1889 erhielt Kopenhagen auf der Pariser Weltausstellung den Grand Prix d'Honneur. 1900 wendeten sich Berlin, Meißen und Petersburg dem Kopenhagener Stil zu, und auch die schwedische Manufaktur Rörstrand unter Alf Wallander ließ sich inspirieren.

Krog bevorzugte in seiner Malerei japanische Motive und Motive seiner Heimat, Landschaften, Tiere und Pflanzen. Der Chemiker Adolphe Clément schuf die technischen Voraussetzungen für die sehr oft nur in zarten Blautönen gehaltenen, stimmungsvollen Malereien Krogs, die mit feinem Gefühl für die gewölbte Fläche das Porzellan schmückten.

Für Berlin malte Theo Schmuz-Baudiß Landschaften und Stadtansichten in zarten Unterglasurfarben wie Grün, Grau und Rosa, vor allem dämmerige Stimmungen wie ›Herbstmorgen‹, ›Blaue Stunde‹ und das abendliche Berlin. Unter seiner Führung setzte sich um 1900 der Jugendstil in Berlin durch. Neben ihm waren Adolph Flad und Hinrich Lang für gegenstandslose Malerei in Scharffeuerfarben und Gold zuständig.

Nymphenburg brachte in dieser Zeit volkstümliche Landschaftsmalerei und Tiere von *Rudolf Siek* und interessante Pflanzenstilisierungen von *Adalbert Niemeyer.*

Auf dem Gebiet der Plastik entstand zunächst im 19. Jahrhundert kaum Neues, wenn man von einigen frivolen Figuren und Heldengestalten oder Schutzengeln für das Kinderzimmer absieht. Zu erwähnen sind die Modelle von Gottfried Schadow und Hans Christian Genelli für die Manufaktur Berlin und Porträtbüsten um 1840 von Christian Rauch.

Um 1860 griff man wieder auf das Rokoko zurück, aber ohne den Geist der Zeit erwecken zu können. Es war ein Suchen auf allen Gebieten. Dann kamen aus Kopenhagen hervorragende Tierplastiken von *C. Thomsen* (Katze), *C. F. Liisberg* und *C. Nielsen*, deren Vorzug großzügige Flächenbehandlung und zarte Farbgebung war.

In Sèvres entstand neben unbedeutenden Gruppen ein Tafelaufsatz ›Le jeu de l'écharpe‹ von *Agathon Léonard* (1900), eine Gruppe tanzender, in weite plissierte Gewänder gehüllter Mädchen. Überhaupt wirkte in dieser Zeit der Tanz inspirierend auf die Porzellankunst. Mit dem Beginn des Ausdruckstanzes, der eine Absage an das klassische Ballett bedeutete, traten einige große Tänzerinnen an die Öffentlichkeit. Die berühmte Isadora Duncan, die mit langen farbigen Schleiern tanzende ›Serpentintänzerin‹ Loie Fuller, Ruth St. Denis und Sent M'ahesa haben die Künstler begeistert — besonders die Fuller und ihre um den Körper schwingenden Schleier, die als dynamische Linien erschienen.

In Berlin modellierte *Hubatsch* Ruth St. Denis, und von *Rosenthal* gibt es eine Sent M'ahesa.

Ein bedeutendes Werk von Adolf Amberg ist der 1905 in Berlin entstandene ›Brautzug‹. Josef Wackerle schuf in Nymphenburg hervorragende Plastiken wie die ›Dame mit Muff‹ und die ›Dame im gestreiften Taftkleid‹.

Ernst Barlach arbeitete von 1906 bis 1913 für die Schwarzburger Werkstätten Modelle von ganz eigener Geschlossenheit. Seine Hauptthemen waren russische Bauern- und Bettlerfiguren. Als seine letzte Arbeit entstand die Porträtbüste der Schauspielerin Tilla Durieux, der Gattin seines Verlegers und Freundes Paul Cassirer.

Neben den Kopenhagener Tieren konnten die von *Paul Esser* und *Richard Gaul* in Meißen und von *Julius Feldmann* und *Edmundt Otto* in Berlin bestehen. Sie waren mit Unterglasurfarben bemalt und hatten sehr dekorative Sockel.

Paul Scheurich kam erst 1912 zur Porzellanplastik. Seine Figuren wie ›Die Dame auf der Hirschkuh‹ erinnern im besten Sinne an das Rokoko. Er arbeitete für Berlin und Meißen.

Die eigentliche Zeit des *Jugendstils* war sehr kurz. 1895 wurde von *Samuel Bing* in Paris die erste Nouveau-Art-Ausstellung arrangiert. Nach totalem Mißerfolg wurde sie zwei Jahre später in Dresden begeistert aufgenommen. Henry van de Velde, ein gebürtiger Belgier und einer der bedeutendsten und universellsten Jugendstil-

Künstler, wurde dadurch bekannt. Er blieb in Deutschland und richtete in Weimar ein kunstgewerbliches Institut ein, wo er bis 1914 wirkte.

Schon 1907 wurde in München der ›Deutsche Werkbund‹ unter Mitwirkung von 15 Fabrikanten und 15 Künstlern als Absage an den dekorativen Jugendstil und zur Förderung einer neuen Sachlichkeit gegründet. 1910 folgten der Österreichische und der Schwedische und 1913 der Schweizer Werkbund.

Vieles, was man heute mit Recht als Jugendstil bezeichnet, ist vor oder nach der eigentlichen Jugendstil-Zeit entstanden. Die Grenzen kann man nicht exakt ziehen. Wichtig ist, daß mit dem Jugendstil die Moderne beginnt. Manche Form, die wir heute als modern empfinden, hat dort ihren Ursprung.

Trotz großer und interessanter Leistungen ist der Jugendstil oft in Mißkredit gekommen, weil die industrielle Verwertung den Markt nicht immer mit dem Besten überschwemmte und der Drang, immer wieder etwas Neues anbieten zu wollen, die Künstler zu unerfreulichen Überspitzungen trieb. Heute weiß man die echten Ideen und überzeugenden Werke des Jugendstils gerechter zu beurteilen.

Jugendstilporzellan in Stichworten

Angestrebt wurde die Einheit von Form und Dekor.

Von Japan inspiriert. Flächige Malerei, plastische und malerische Motive aus der Natur, oft zum Ornament stilisiert. Die Linie ist eine Kraft (van de Velde).

Wunderbare und interessante Glasuren. Dekorativ.

Einige der interessanten Vasenformen im Jugendstil.

Segerporzellan
Berlin um 1890

Eine Vase in Blütenform
Kopenhagen

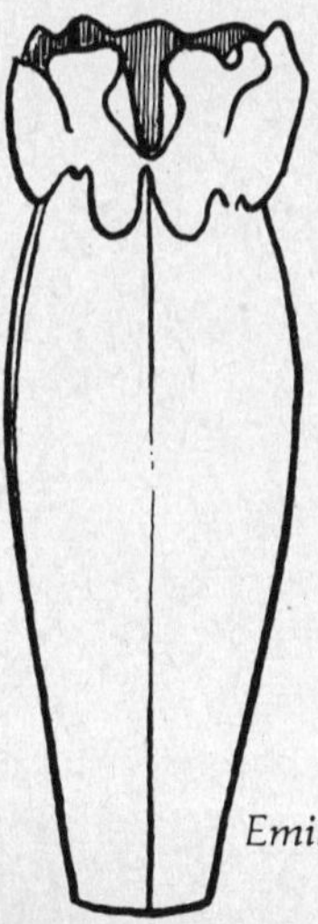

Emile Gallé

Kopenhagen
1900

Dessertschale aus dem Tafelservice ›Ceres‹ von Theo Schmuz-Baudiß, Berlin 1912.

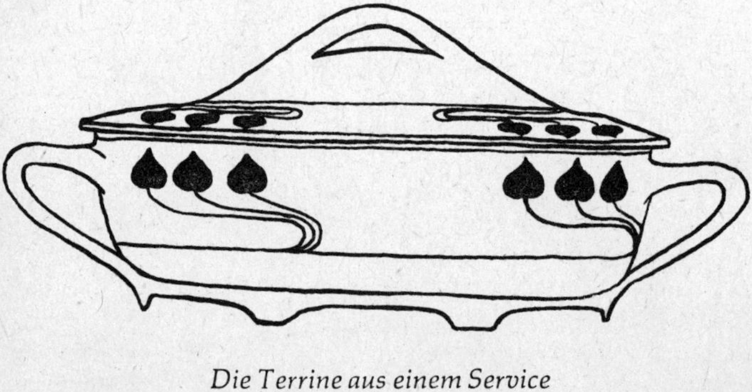

Die Terrine aus einem Service von Philipp Rosenthal. Jugendstil.

Die Geschichte der Manufakturen

Dieses Kapitel skizziert die Geschichte der wichtigsten Manufakturen. Die Auswahl hing von der Bedeutung ab, die den Manufakturen vor allem in künstlerischer Hinsicht für die Entwicklung des Porzellans zukommt.

Deutschland

MEISSEN (1710 bis heute)

1709 war es Johann Friedrich Böttger nach jahrelangen Versuchen gelungen, das Porzellan nachzuerfinden. Am 23. Januar 1710 wurde durch königlichen Erlaß eine Porzellanmanufaktur in Dresden gegründet, die noch im Juni des gleichen Jahres auf die Albrechtsburg in Meißen verlegt wurde. Es waren damals 25 Personen beschäftigt. In der ersten Zeit wurde vor allem Böttger-Steinzeug hergestellt, dessen Entwicklung der Porzellanerfindung vorausgegangen war. In den Formen von chinesischen Vorbildern oder von Silberschmiedearbeiten beeinflußt, wurde es auch noch prächtig geschliffen und mit eingeschnittenem oder eingepreßtem Dekor versehen. Ab 1713 trat dann das Porzellan, dessen Masse laufend verbessert wurde, in den Vordergrund. Die Formen entwarf der Hofgoldschmied Irminger.

Böttger starb am 13. März 1719, und die Zeit bis 1731 stand dann ganz unter dem Einfluß des Malers Gregor Höroldt, der am 2. April 1720 mit Samuel Stölzel von Wien gekommen war. Kupferstiche wurden als Vorlagen eingekauft, aber Höroldt schuf auch selbst Vorlagen. Er entwickelte neue Farben und bestimmte den Malstil. Typisch waren für ihn die miniaturhaft gemalten ›Höroldt-Chinesen‹. Die Unterglasurblaumalerei wurde immer mehr vervollkommnet. Den Hauptanteil an der Entwicklung hatte der Obermeister David Köhler, der mit Vater und Sohn Mehlhorn zusammenarbeitete. Johann Gottfried Mehlhorn gehörte zu den Blaumalern, die damals in der Mehrzahl waren. Köhlers Tod 1725 bedeutete einen Rückschlag für die Blaumalerei, der erst 1732 ganz überwunden wurde. Johann David Kretschmar entwickelte 1739 das berühmte Zwiebelmuster.

1731 waren in Meißen etwa 40 Maler, davon 10 Blaumaler, beschäftigt. Einer der besten Maler war Johann Georg Heintze. Johann Gottfried Klinger malte ombrierte Blumen (mit Schatten) und Insekten, Adam Friedrich von Löwenfinck war ein Meister der Indianischen Blumen. Viele Maler wanderten damals und in späterer Zeit immer wieder in andere Manufakturen ab, meistens nach Wien, Berlin und Ansbach.

Modelleur dieser ersten Meißener Zeit war seit 1727 Johann Gottlieb Kirchner. 1728 wurde er entlassen, aber 1730 wiedereingestellt. Während seiner Abwesenheit trat der Elfenbeinschnitzer Johann Christian Ludwig Lücke an seine Stelle. Ab 1730 arbeitete Kirchner an den lebensgroßen Tierfiguren für das Japanische Palais. Am 22. Juni 1731 kam der junge Johann Joachim Kändler nach Meißen. Er arbeitete mit Kirchner zusammen an dem großen Auftrag Augusts des Starken für das Japanische Palais. 1733 starb der König. Im gleichen Jahr schied Kirchner aus, und Kändler erfüllte den Auftrag allein.

Seine neue Aufgabe war die Gestaltung der Tafelservice. Das bedeutendste Werk, das Schwanenservice, entstand 1737 für den Grafen Brühl, der seit 1733 die Oberaufsicht über die Manufaktur hatte. Kändlers Interesse galt außerdem ganz besonders der Kleinplastik. Seine Krinolinengruppen, Komödienfiguren, Handwerkerfiguren und Tiere wurden für die europäische Porzellanplastik zu Vorbildern. Neben Kändler waren die wichtigsten Modelleure Johann Friedrich Eberlein (1735—1749), Peter Reinicke (seit 1743) und Friedrich Elias Meyer (1748—1761), ein Meister des Rokoko, der dann nach Berlin ging. Um 1740 begann sich auch in der Malerei das Rokoko durchzusetzen. Die Chinoiserien verschwanden, dafür wurden Seestücke und Kauffahrteiszenen und ab 1738 graziöse Szenen nach Bildern von Watteau modern. 1739 kam als unterglasurblauer Dekor das Zwiebelmuster dazu.

Rückschläge erlitt die Manufaktur durch den Zweiten Schlesischen Krieg (1744—1745) und besonders durch den Siebenjährigen Krieg (1756—1763). Die Leitung ließ Öfen und Einrichtungen zerstören. Höroldt floh nach Frankfurt, Kändler blieb in Meißen. Nach dem Krieg waren diese beiden großen Meister nicht mehr

Dame mit Fächer von J. J. Kändler, Meißen um 1740

Venedig (Vezzi)
um 1725

Sèvres: Terrine aus dem ›Vogelservice‹, 1759

Terrine aus dem ›Perlservice‹ von Auliczeck mit Grisaillemalerei von Boehngen, Nymphenburg 1792/95

Deckelvase, sogenanntes Apothekergefäß, Berlin um 1775

Oben links: Meißen um 1740, eingeritztes und geschwärztes Dekor von Kanonikus v. d. Busch — oben rechts: aus dem Jagdservice des Marquese Trivulzo, mit Schwarzlotmalerei in Gold, Wien, Du Paquier, um 1740 — unten links: Dessertteller aus dem Service für das Neue Palais mit Reliefzierat und Spalier, Berlin 1765 — unten rechts: Kloster-Veilsdorf, Teller mit Früchtemalerei

gefragt. Höroldt ging 1765 in Pension, und Kändler arbeitete neben dem neuen Modellmeister Michel-Victor Acier (1764–1781). Es gelang ihm nicht, die Wendung zum Klassizismus mitzumachen. 1775 starb Kändler, er hatte etwa 900 Modelle für Meißen geschaffen.

Von 1774 bis 1813 stand die Manufaktur unter der Leitung des Grafen Camillo Marcolini, dem es nicht gelang, die wirtschaftlich schlechte Lage nach dem Kriege zu bessern.

Acier ging 1781 in Pension. Nach ihm kamen Carl Schönheit, Christian Gottfried Jüchtzer und Gottlieb Matthäi. Die Malerabteilung leitete von 1773 bis 1796 Johann Eleazar Schenau. Die Jahre von 1814 bis 1833 standen im Zeichen technischer Neuerungsversuche. Um die schlechte Lage etwas zu bessern, paßte man sich dem Zeitgeschmack an. Wedgwood wurde Vorbild. 1817 wurde als neue Unterglasurfarbe das Chromgrün erfunden, das zu dem Entwurf des Weinlaubmusters führte. 1827 war das Glanzgold eine Neuigkeit (Heinrich Gottlieb Kühn). Auch der Maler Ludwig Richter hat von 1828 bis 1835 in Meißen gearbeitet. 1830 wurde die Königliche Manufaktur in eine Staatliche Porzellanmanufaktur umgewandelt. 1833 wurde Heinrich Gottlieb Kühn zum Leiter bestellt. Er hatte das Amt 37 Jahre inne und sorgte in dieser Zeit für viele technische Neuerungen. Die Öfen wurden verbessert und auf Kohlenfeuerung umgestellt, neue Porzellanmassen und Farben wurden entwickelt.

Unter der Leitung des Nachfolgers Raithel (1870–1894), wurden in Meißen wie auch in anderen Manufakturen chemisch-technische Versuche gemacht, um die alten Techniken zu ergründen. Die Ochsenblutglasur im reduzierenden Brand wurde gefunden, geflossene und kristallisierte Glasuren wurden entwickelt, und die Pinselrelieftechnik (pâte-sur-pâte) wurde neu belebt. Zu Blau und Grün kamen noch andere Unterglasurfarben hinzu. Nur langsam entschloß man sich um die Jahrhundertwende zur Aufnahme des Jugendstils. Henry van de Velde schuf für Meißen 1903 ein Teeservice, auch Riemerschmid und Niemeyer entwarfen Geschirre. Paul Scheurich und Max Esser modellierten Figuren.

1723 — erste Marken der Höroldtzeit: Nachahmungen chin. Zeichen in Unterglasurblau.

›Papierdrachen‹ und ›Merkurstab‹ für Exportporzellan.

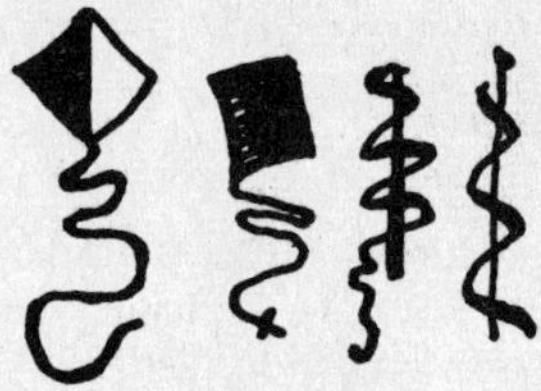

Seit 7. 4. 1723 Schutzmarken für Zuckerdosen und Kännchen der Frühstücksservice.

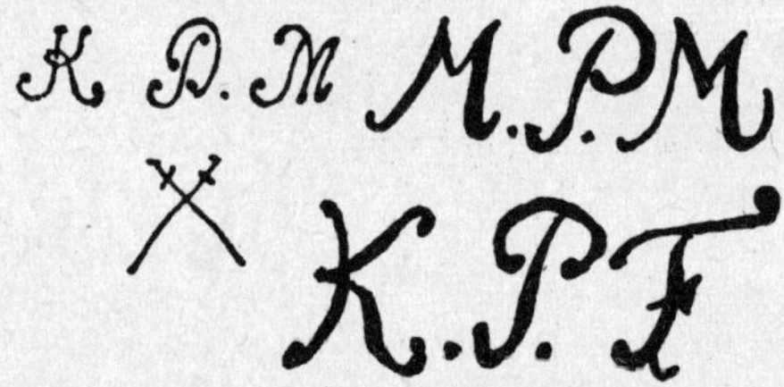

K.P.M. = Königl. Porzellan-Manufaktur, daneben auch M.P.M. und seltener K.P.F. 1725 bis 1740 K.P.M. mit Schwertern. Ab 1740 nur gekreuzte Schwerter. (Bis 1731 wurde noch nicht jedes Stück signiert.)

Bis 1733 ist das Porz. für den König mit der Augustus-Rex-Marke gekennzeichnet

Friedrich August 1733

1725—1763

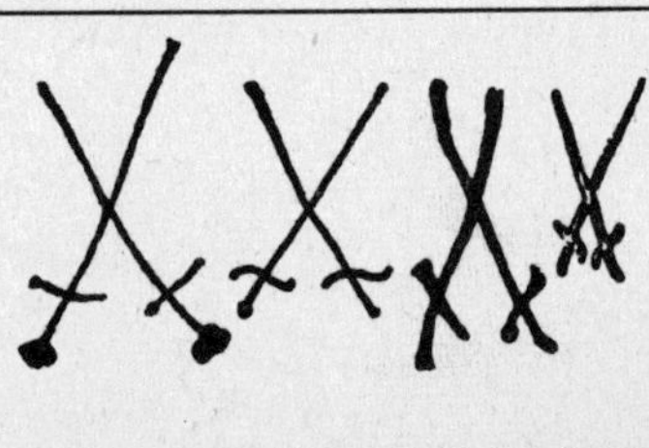

1763—1774
›Punktmarke‹

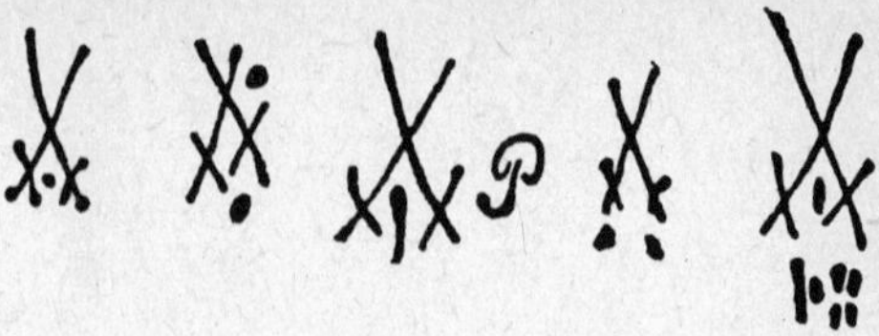

1774—1818

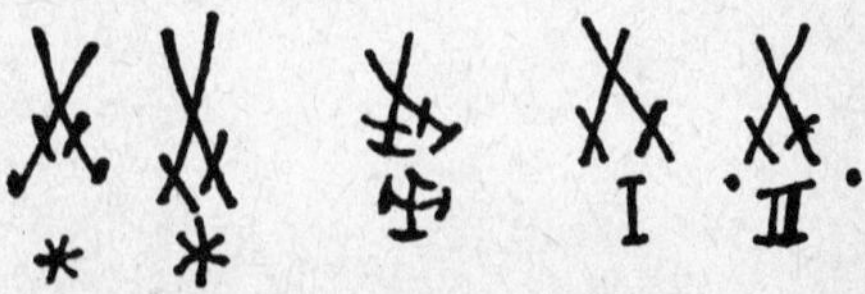

1774—1813 Marcolini-marke 1814—1818 1818

Hofservice wurden nach der jeweiligen Hofkonditorei gekennzeichnet:

KHC	= Königliche Hof-Conditorei	
KHK	= Königliche Hof-Küche	
KHKW	= Königliche Hof-Küche Warschau	
KCPC	= Königl.-Churfürstl. Pillnitzer Conditorei	
CHK	= Churfürstliche Hof-Küche	von 1763
CPC	= Churfürstl. Pillnitzer Conditor.	bis 1806

Rechts außen: Marke auf Biskuitporzellan

1860 — 1924 1924 — 1934 seit 1934

Rechts:
Jubiläumsmarke

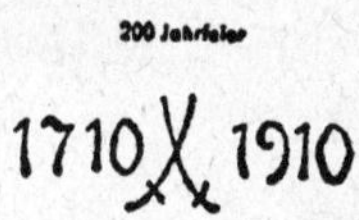

2. Wahl

BERLIN (1751 bis heute)

Der Wollzeugfabrikant Wilhelm Caspar Wegely erhielt 1751 das Privileg zur Gründung einer Porzellanfabrik in der Neuen Friedrichstraße in Berlin. Trotz guter Erzeugnisse war er nicht sehr erfolgreich, und finanzielle Schwierigkeiten zwangen ihn schließlich, den Betrieb einzustellen. Sein Betriebsleiter Reichard soll danach noch Porzellan gemacht haben.

1761 erwarb der Kaufmann Johann Ernst Gotzkowsky die Fabrik, und Reichard richtete sie in der Leipziger Straße neu ein. Alte Bestände und Modelle konnten von Wegely übernommen werden. Mitarbeiter war Isaak Clauce; aus Meißen kamen der hervorragende Modelleur Friedrich Elias Meyer und die Maler Karl Wilhelm Böhme (Landschaften) und Johann Balthasar Borrmann; 1763 folgte der Mosaikmaler Karl Jakob Christian Klipfel. Direktor war der sächsische Kommerzienrat Johann Georg Grieninger.

Als Gotzkowsky in finanzielle Schwierigkeiten geriet, kaufte Friedrich der Große die Fabrik 1763 für 225 000 Taler mit allen unfertigen Beständen und den Modellen. Zu dieser Zeit waren 146 Personen in der Manufaktur beschäftigt.

Nun setzte eine kontinuierliche Entwicklung ein, denn der König war persönlich interessiert und tat alles, um seine Manufaktur zu fördern und ihr den Absatz zu sichern (Lotterien, ›Judenporzellan‹). Er selbst war der beste Abnehmer, und seine Porzellangeschenke an Fürsten (berühmt ist der Tafelaufsatz für Katharina II. von Rußland) waren zugleich eine ausgezeichnete Werbung. Berlin wurde vorbildlich in der Servicegestaltung des Rokoko. Von Meyer stammen das Service für das Neue Palais (1765), das Grüne Tafelservice (1767) und das Service für das Breslauer Stadtschloß (1767). In der Figurenplastik leistete F. E. Meyer Hervorragendes. Die Berliner Blumenmalerei war von besonderer Güte.

Mit dem Tode Friedrichs ging 1786 das enge Verhältnis zwischen König und Manufaktur zu Ende.

Friedrich Wilhelm II. setzte eine Königliche Porzellanmanufaktur-Kommission ein. Trotz dieser jetzt dazwischengeschalteten Verwaltung war jedoch dieser Zeitabschnitt fruchtbar. Es wurden neue Glasuren und Farben gefunden, die Masse konnte verbessert werden, und der Klassizismus kam zur Reife. Die liegenden Öfen wurden durch stehende Rundöfen ersetzt, und die erste in Preußen aufgestellte Dampfmaschine leitete das Zeitalter des Dampfes ein.

Während der Napoleonischen Kriege mußte die Manufaktur für die Franzosen arbeiten, und nur die Geschicklichkeit ihres Direktors Rosenstiel rettete ihre Existenz. Nach dem Frieden 1815 erholte sich der Betrieb schnell wieder. Reichliche Aufträge durch Friedrich Wilhelm III. (Feldherrnservice) halfen.

Im Biedermeier stand die Landschafts- und Vedutenmalerei noch auf hohem Niveau; führende Künstler wie Schinckel, Schadow und Genelli gaben ihr Bestes, doch dann begann der allgemeine Abstieg während der Zeit des Historismus im 19. Jahrhundert. Mit dem Beginn der Erneuerungsbewegung gegen Ende des 19. Jahrhunderts stand Berlin an der Spitze der deutschen Manufakturen.

1878 wurde eine Kommission zur künstlerischen Reformierung gebildet, der die Künstler Begas, Ewald, Jordan (Direktor der National-Galerie), Lippmann (Direktor des Kupferstichkabinetts), Schöne (später Generaldirektor der Museen) und die Abgeordneten Lasker und Prof. Virchow angehörten. Außerdem wurde eine chemotechnische Versuchsanstalt gegründet, die Hermann Seger als Direktor leitete. 1881 berief man den Bildhauer Sußmann-Hellborn als künstlerischen Direktor, 1887 folgte ihm der Maler Prof. Alexander Kips, dem dann 150 Maler zur Verfügung standen.

Mit der Berufung von Theo Schmuz-Baudiß aus München setzte sich der Jugendstil durch. Die Ergebnisse des Forschungslabors kamen den Künstlern entgegen.

Bekannte Modelleure waren Adolf Amberg, Julius Feldmann und Paul Scheurich, nach dem Ersten Weltkrieg Ludwig Gies (unter Nikola Moufang). 1929 wurde Moufang von Günther Freiherr von Pechmann abgelöst. Mit ihm setzte sich die neue, sachliche Richtung durch. Er verpflichtete Künstler wie Gerhard Marcks, Marguerite Friedländer-Wildenhain und Trude Petri-Raben. 1930 brachte Berlin das erste undekorierte weiße Geschirr, das Urbino-Service von Trude Petri, heraus. Nachfolger Pechmanns wurde Werner Franke.

1751—1757 (Wegely)

W in Verbindung mit Zahlen

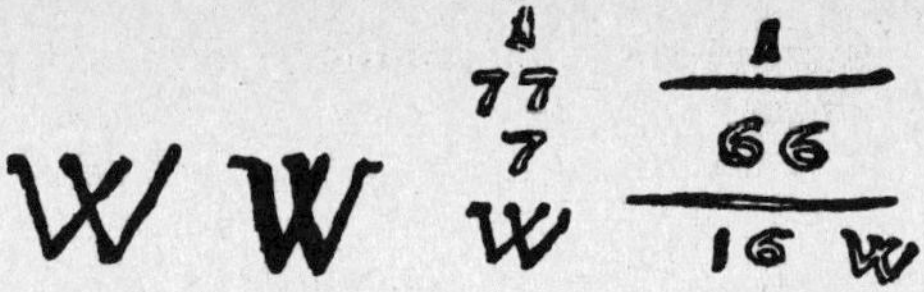

1761—1763
(Gotzkowsky)

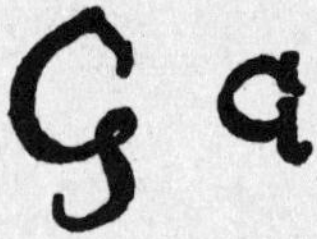

›Königliche Porzellan-Manufaktur‹
1763—1770

1770—1775

1775—1800
1800
1815—1840
1830

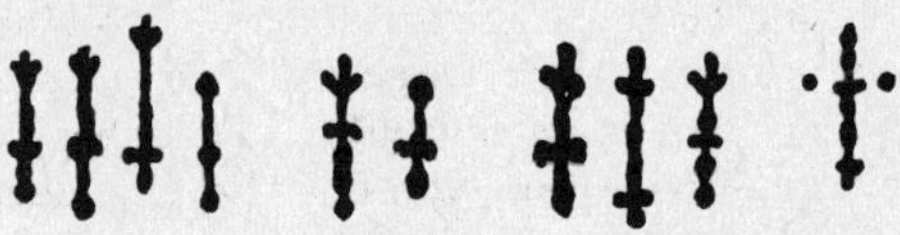

1837—1844

1844—47

1847—49

1849—1870

Zepter mit Schrägstrich
1870—1945

Segerporzellan
seit 1882

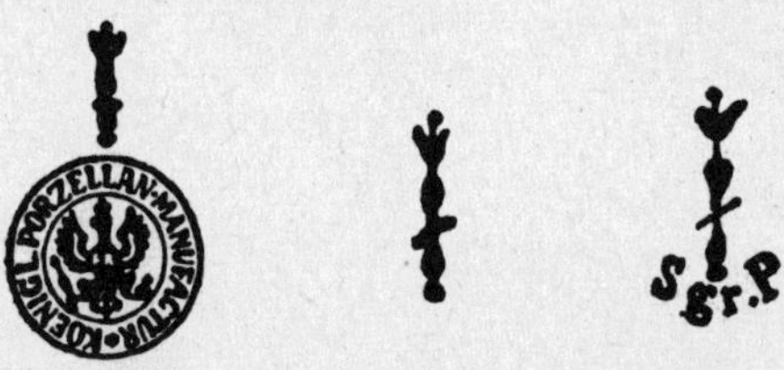

Jubiläumsmarke
1913

Seit 1945
(Selb)

Malereimarken:
zusätzlicher Strich
in Blau 1803–13

in Rot 1817–23

Adler in Rot 1823–32

Reichsapfel
seit 1832
in Rot, Grün und Blau

Seit 1918 ›Staatliche Porzellan-Manufaktur Berlin‹

FÜRSTENBERG, BRAUNSCHWEIG
(1753 bis heute)

Nach einigen Fehlschlägen mit falschen Arkanisten gelang es dem Oberjägermeister von Langen, der Berater Herzog Karls I. von Braunschweig war, den Direktor der Höchster Manufaktur, Johann Kilian Benckgraff, für die in Fürstenberg geplante Manufaktur zu gewinnen. 1753 siedelte Benckgraff nach Fürstenberg über, mit ihm kamen der Maler Johann Zeschinger und der Modelleur und Bossierer Simon Feilner. Benckgraff starb vier Wochen nach seiner Ankunft, aber er hatte das Arkanum von Langen anvertraut. Ende des Jahres gelang die Porzellanherstellung trotz mancher technischer Schwierigkeiten. Die Weiterentwicklung geriet zwar durch die Auswirkungen des Siebenjährigen Krieges ins Stocken, aber Ende 1769 ging es unter der Leitung der Hüttenfachleute Kaulitz und Kohl aufwärts. Die Manufaktur erlebte bis in die achtziger Jahre hinein eine Blütezeit. Hervorragende Malerei zeichnet das Fürstenberger

Porzellan aus. Seit 1762 war unter anderem Johann Friedrich Weitsch (›Pascha‹) als Maler tätig. Figuren- und Reliefplastiker waren außer Simon Feilner, der 1770 nach Mannheim und dann nach Frankenthal ging, Désoches (1769—1774), Carl Anton Luplau (bis 1776) und Johann Christoph Rombrich (seit 1758). Carl Gottlieb Schubert arbeitete von 1775 bis 1804 in Fürstenberg.

Obwohl die figürliche Plastik nicht das Bedeutendste der Manufaktur war, ist doch neben manchen Kopien auch recht Originelles entstanden. Désoches Figuren vertreten französischen Charme; Luplau behandelte recht eigenwillige Themen, von denen die Flohsucherin und die altdeutschen Soldaten beim Schachspielen am amüsantesten sind. Das Beste waren aber die Biskuit-Bildnisse zeitgenössischer Persönlichkeiten.

Nach 1790 sank das Niveau ab. Erst mit Louis Victor Gerverot (1795—1814) kam wieder eine straffere Leitung, dem es auch durch geschickte Verhandlungen mit Jerôme Bonaparte gelang, die Manufaktur in den Jahren von 1807 bis 1813 zu erhalten. 1825 kam dann mit Stünkel wieder für dreißig Jahre eine tüchtige Leitung. 1859 wurde die Manufaktur verpachtet, 1876 verkauft und 1888 in eine Aktiengesellschaft umgewandelt.

Alte Marken

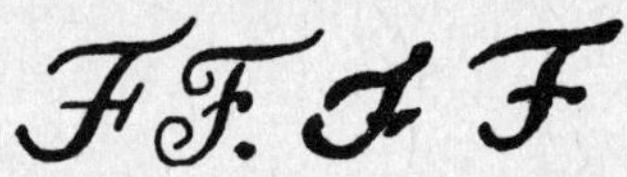

18.—19. Jh.

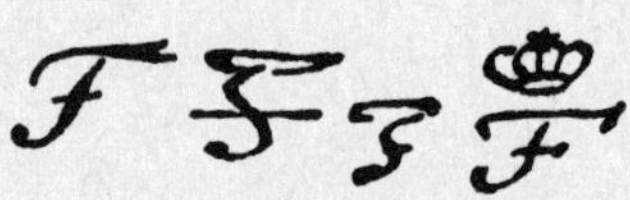

auf modernem Geschirr

auf Reproduktionen alter Modelle

Moderne Marke

Bossiererzeichen auf alten Feilner-Figuren

Auf Biskuitbüsten und Reliefs.

HÖCHST, HESSEN (1750–1796)

Johann Christoph Göltz und dessen Schwager Johann Felician Clarus, Kaufleute aus Frankfurt, hatten sich mit dem aus Meißen geflohenen Maler Adam Friedrich von Löwenfinck verbunden, um eine Manufaktur zu gründen. 1746 erhielten sie von dem Mainzer Kurfürsten Johann Friedrich Karl von Ostein ein Privileg auf fünfzig Jahre zur Errichtung einer Porzellanfabrik. Es entstand jedoch nur Fayence. Löwenfinck hatte nicht die Kenntnisse, um echtes Porzellan herstellen zu können. Er verließ Höchst schon 1749.

Erst ab 1750, nach der Einstellung Johann Kilian Benckgraffs, der mit Ringlers Hilfe einen Ofen nach Wiener Muster baute, begann in Höchst die Porzellanherstellung. 1753 ging Benckgraff nach Fürstenberg und nahm den Maler Johannes Zeschinger und den Modelleur Simon Feilner mit.

Finanzielle Schwierigkeiten brachten das Unternehmen bis 1765 unter Konkursverwaltung, dann wurde es Aktiengesellschaft. Die Privatforderungen der Aktionäre waren jedoch zu hoch. Schließlich kaufte der Hauptaktionär, Kurfürst Emmerich Freiherr von Breidbach, die Manufaktur, aber erst sein Nachfolger, Kurfürst Friedrich Karl Joseph Freiherr von Erthal, wurde 1778 alleiniger Besitzer.

Die Stärke der Manufaktur Höchst war ihre Figurenplastik. 1762 bis 1767 war Laurentius Russinger Modellmeister, der später nach Pfalz-Zweibrücken ging; 1767 kam der begabte Johann Peter Melchior nach Höchst, der 1799 nach Frankenthal und dann nach Nymphenburg ging.

1796 wurde der Betrieb eingestellt. Modelle und Formen kamen in die Steingutfabrik von Daniel Ernst Müller in Damm bei Aschaffenburg und wurden seit 1840 in Steingut ausgeformt. 1886 übernahm sie die Steinzeugfabrik F. A. Mehlem in Bonn, und 1942 fanden sich noch dreißig Formen bei der Porzellanfabrik Ph. Dietrich, Passau.

Marken bis 1763

1750—1765

1762—1796

1765—1774

Johannes Zeschinger

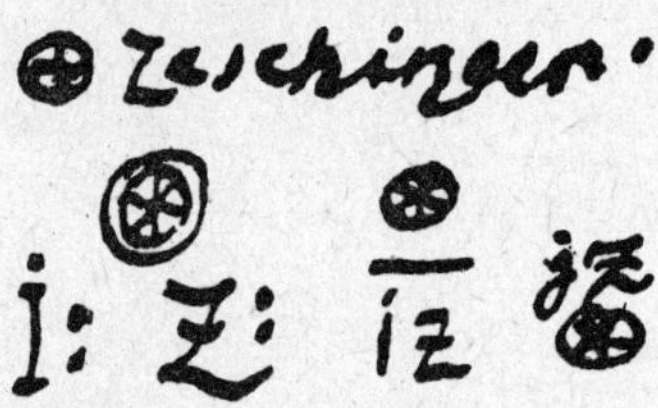

Adam Ludwig

Philipp Dannhofer

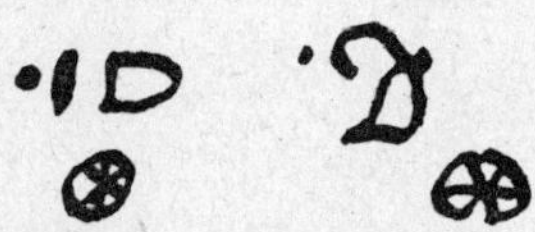

Simon Feilner

FRANKENTHAL (1755–1800)

Paul Anton Hannong, Fayencefabrikant in Straßburg, durfte dort wegen des Monopols, das die Staatsmanufaktur Vincennes (Sèvres) besaß, kein Porzellan herstellen. Er erhielt am 26. Mai 1755 von dem Kurfürsten Carl Theodor von der Pfalz ein Privileg zur Erzeugung von Porzellan. 1756 begann die Produktion in Frankenthal mit den ausgezeichneten Modellmeistern Johann Wilhelm Lanz (1756–1761) und Johann Friedrich Lück (1758–1764). Als der älteste Sohn Karl, der die Fabrik geleitet hatte, 1757 starb, wurde sie von seinem jüngeren Bruder Joseph Adam Hannong übernommen. 1762 verkaufte er sie wegen wirtschaftlicher Schwierigkeiten an den Landesherrn und ging nach Straßburg zurück, wo er die Fabrik seines verstorbenen Vaters übernahm. Karl Theodor engagierte den Mannheimer Hofbildhauer Konrad Linck aus Speyer (1732–1802), der 1766 wieder nach Mannheim zurückging, aber weiter Entwürfe für Frankenthal lieferte. Bis 1775 war Karl Gottlieb Lück Modellmeister. Adam Bergdoll, bisher Former in Höchst, wurde neuer Direktor der Kurfürstlichen Porzellanmanufaktur, entsprach aber nicht den Erwartungen. So stellte man 1770 den Modellmeister aus Fürstenberg, Simon Feilner, ein. Bergdoll wurde 1775 pensioniert. Trotz Feilners Tüchtigkeit – er verbesserte laufend die Porzellanmasse und entwickelte neue Farben – konnte er die wirtschaftliche Lage nicht ändern. Von 1777 bis 1779 war Adam Bauer Modellmeister, von 1779 bis 1793 Johann Peter Melchior aus Höchst.

Die Figurenplastik stand in Frankenthal an erster Stelle. Einer der bedeutendsten Bildhauer und Schöpfer hervorragender Figuren war Konrad Linck.

Die Gefäße und Geschirre lehnten sich an französische Vorbilder an. Frankenthal verfügte über die ausgezeichneten Figurenmaler Johann Bernhard Magnus, Osterspey und Winterstein.

Mit dem aufkommenden Klassizismus wurde die Rokoko-Plastik unverkäuflich, und die Lagerbestände häuften sich.

1794 bis 1795 besetzten die Franzosen Frankenthal und verpachteten die Manufaktur an Peter van Recum aus Grünstadt. Nach ihrem Abzug kam die Fabrik wieder unter kurfürstliche Verwaltung.

1797 besetzten französische Truppen das linke Rheinufer, und die Manufaktur Frankenthal wurde zum Nationalbesitz erklärt.

Während dieser Kriegswirren starb Simon Feilner 1798. Van Recums Nachfolger, Johann Nepomuk van Recum, wurde Pächter der Manufaktur, trat aber 1800 von seinem Vertrag zurück und richtete in Grünstadt im gemieteten Schloß des Fürsten von Leiningen eine Steingutfabrik ein. Ein großer Teil der Frankenthaler Formen kam durch van Recum nach Grünstadt. Spätere Besitzer der Fabrik schenkten die Formen dem Pfälzischen Gewerbemuseum in Kaiserslautern; später wurden sie dem Historischen Museum der Pfalz in Speyer übergeben.

1900 bis 1917 hat die Manufaktur Nymphenburg Frankenthaler Modelle neu ausgeformt, darunter auch solche, die das Museum in Speyer zur Verfügung stellte. Diese Figuren erhielten als Marke den Nymphenburger Rautenschild in Verbindung mit dem gekrönten CT und der Jahreszahl der Herstellung.

1755—1759

1759—1762

1762—70

CT = Carl Theodor

1770—1789

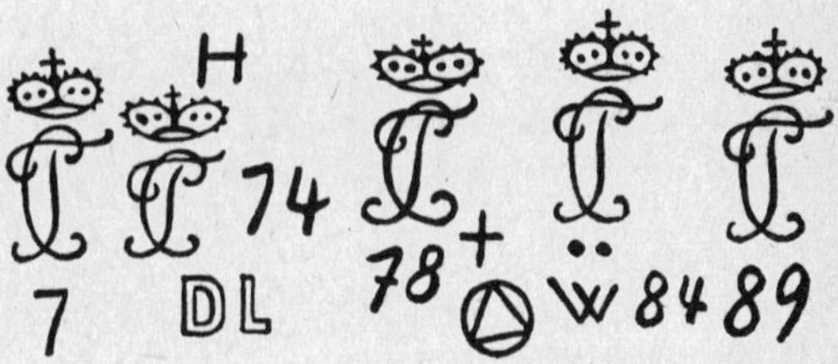

1780—1793

1795

1797—1798

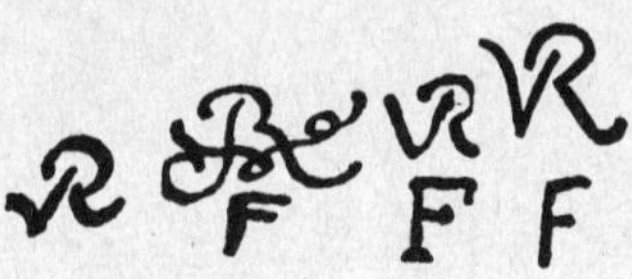

LUDWIGSBURG, WÜRTTEMBERG (1758–1824)

Herzog Carl Eugen von Württemberg war ein prachtliebender Fürst, und das Porzellan war für ihn ein ›notwendiges Attribut des Glanzes und der Würde‹. 1758 übernahm er eine zwei Jahre vorher von einem Privatmann gegründete Manufaktur. Als technischer Leiter wurde Joseph Jakob Ringler engagiert, einer der einflußreichsten Porzellanmacher des Jahrhunderts, oft als Hauptarkanist bezeichnet. Unter seiner Leitung hatte die Manufaktur 1760 bis 1767 ihre Blütezeit. Vor allem die Figurenplastik stand auf bedeutender Höhe. Leider ist es schwer, die Modelle bestimmten Künstlern zuzuordnen, da sie nicht signiert worden sind. Man kennt für die Zeit vor 1762 drei Bezeichnungen: Meister des Apolloleuchters, Meister der Tanzgruppe und Meister der Volkstypen. In der Rokoko-Zeit hatte der Obermaler Gottlieb Friedrich Riedel großen Einfluß auf die Manufaktur. Von ihm stammen auch Geschirrentwürfe, unter anderem das Service für die Marchesa Giovanelli-Martinengo in Venedig. Außer ihm sind die Maler Joseph Philipp Dannhofer aus Höchst, Johann Friedrich Steinkopf aus Frankenthal und Friedrich Kirschner aus Bayreuth hervorzuheben.

Ludwigsburg wendete sich als erste deutsche Manufaktur dem Klassizismus zu. Herzog Carl Eugen hatte Wilhelm Beyer in Rom studieren lassen. Er war mit den Ideen Winckelmanns bekannt geworden und kam 1762 voller neuer Eindrücke zurück. Andere hervorragende Modelleure waren Domenico Ferretti und Pierre François Lejeune.

1766 waren 154 Personen in der Manufaktur beschäftigt. Nach 1770 sank die künstlerische Qualität, und mit dem Tode Herzog Carl Eugens 1793 verfiel die Manufaktur. König Wilhelm I. schloß sie 1824.

Herzog Carl-Eugen
1758–1793

1770—1775

1810—1816

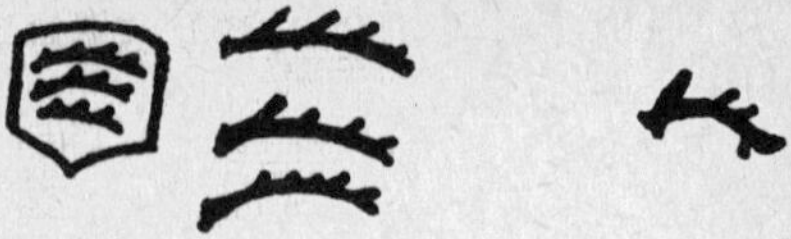

Herzog Ludwig
1793—1795

Friedrich Rex 1806—1816

Wilhelm Rex
1816—1824

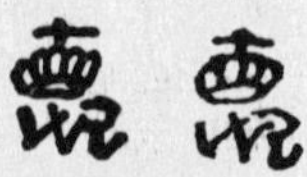

1948
›Vormals Herzogl. Porzellanmanufaktur Ludwigsburg‹.

NYMPHENBURG, BAYERN (1747 bis heute)

1747 gründete der Töpfermeister Franz Ignaz Niedermayr mit Unterstützung des Kurfürsten Max III. Joseph in Neudeck eine Porzellanmanufaktur, bemühte sich aber vergeblich, Porzellan herzustellen. Erst 1753, als Sigmund Graf von Haimhausen die Leitung übernommen hatte und der bekannte Arkanist Joseph Jakob Ringler nach Neudeck berufen worden war, konnte Porzellan hergestellt werden.

1754 kam Franz Anton Bustelli nach Neudeck, einer der größten Plastiker des 18. Jahrhunderts. Vor ihm hatte der Hofbossierer Johann Georg Härtl Figuren modelliert. Zu Bustellis Zeit arbeitete noch Peter Anton Seefried von 1756 bis 1757 als Modelleur. In der Malerei waren der Blaumaler Joseph Haslöder, Franz Karl Rauffer, Andreas Philipp Oettner, Andreas Ettner und Christoph Lindemann als Hauptmaler beschäftigt. Zwischen 1760 und 1770 war dann Josef Zächenberger erster Blumenmaler und Lehrer der Blumenmalerei. 1761 wurde die Manufaktur nach Nymphenburg in ein Gebäude des Schloßrondells verlegt. Ambros Hermannsdorfer und der Miniaturmaler Joseph Weiß leiteten nacheinander die Malstube.

1763 starb Bustelli. Er hinterließ ein Werk von 150 Modellen. Seine letzte Arbeit war die Büste des Grafen Haimhausen. An seine Stelle trat Domenikus Auliczek, zu dessen besten Werken das 1792 entstandene Perlservice gehört.

1767 mußte unter der Leitung von Josef von Limprun ein Teil der 300 Beschäftigten entlassen werden. 1777 starb der Kurfürst Max Joseph, und die bayerische Kurwürde ging auf Carl Theodor von der Pfalz über, dessen Manufaktur Frankenthal nach der französischen Besetzung aufgelöst wurde. Einige Künstler gingen nach Nymphenburg, unter ihnen Peter Melchior. Auch einige Frankenthaler Formen kamen dadurch in die Nymphenburger Manufaktur. Sie wurden später neu ausgeformt und trugen als Marke den Nymphenburger Rautenschild in Verbindung mit dem CT Frankenthals. 1797 wurde Auliczek pensioniert, und Melchior war bis 1822 dessen Nachfolger. Er schuf unter anderem ein schlichtes Empire-Service mit Goldrand.

Die Modelle Bustellis entsprachen nicht mehr dem Zeitgeist, darum gab Bergrat Flurl Melchior die Anweisung zu ihrer Zerstörung.

Nach Melchior kam der Baumeister Friedrich Gärtner nach Nymphenburg, der Schöpfer des Onyx-Services, das ganz im Sinne der klassischen Antike mit Goldmäandern und antiken Motiven in Grisaillemalerei gestaltet wurde. Gärtner starb 1847, und sein Nachfolger wurde Eugen Napoleon Neureuther, der wenig Beziehung zum Porzellan hatte.

Die künstlerische Bedeutung der Manufaktur schwand immer mehr, und Ludwig II. mußte Porzellan in Meißen kaufen. 1887 pachtete Albert Bäuml Nymphenburg und rettete damit den Betrieb vor der Schließung. Nach gründlicher Reorganisation stellte er die alten guten Geschirrformen wieder her, und 1890 brachte er das heute noch modern wirkende Kaffee- und Teeservice ›Gerippt‹ neu heraus. Um 1900 entstanden Geschirre im Sinne des Jugendstils von L. Levallois und später Adelbert Niemeyer. Maler dieser Zeit waren Hermann Gradl und Rudolf und Ingrid Siek. Josef Wackerle schuf beachtenswerte Figuren (1910 Dame mit Muff und andere).

Albert Bäumls Söhne leiten die Manufaktur noch heute und sind bestrebt, neben den begehrten Neuausformungen der Bustelli-Modelle auch moderne Figuren und Geschirre herauszubringen. Ab 1927 entwarfen Joseph Hillerbrand und Wolfgang von Wersin zeitgemäße und formschöne Geschirre.

1754—1765
1780—1790
(Schildmarke blind)

1800
1810
1850—1862
seit 1862

moderne Marke

auf ›Türchen-Böcherln‹

1763—1767
›Hexagramm-Marke‹

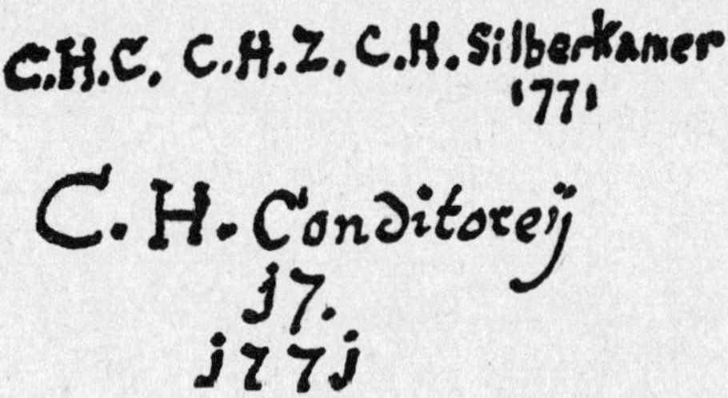

Auf modernen Nachbildungen alter Frankenthaler Modelle (Jahreszahl)

Kleinere deutsche Manufakturen

ANSBACH-BRUCKBERG, BAYERN (1758–1860)

Markgraf Alexander aus dem Hause Hohenzollern gründete die Manufaktur 1758 in einer seit 1706 bestehenden Fayencefabrik, wahrscheinlich mit Meißener und Berliner Arbeitern. 1762 wurde der Betrieb in das Jagdschloß Bruckberg verlegt. Künstlerischer Leiter war der Modelleur Johann Friedrich Kändler, ein Vetter Johann Joachim Kändlers in Meißen. Außer ihm waren beschäftigt: Gottlob Laut und Georg Ludwig Bartholomae als Modelleure,

Kahl und Schreitmüller als Blumenmaler und Stenglein als Landschaftsmaler. Von 1757 bis 1759 arbeitete der Miniaturmaler John Carl Gerlach in Ansbach. Melchior Schöllhammer, der seit 1758 sein Schüler war, wurde 1785 Farbenlaborant und Inspektor und 1799 Direktor der Manufaktur.

1790 fiel Ansbach an Preußen, 1806 an Bayern. Wegen der möglichen Konkurrenz für Nymphenburg wurde die Manufaktur versteigert und dann bis 1860 als Privatunternehmen geführt.

Künstlerisch zeichnet sich das Porzellan durch eine sehr gute Malerei aus, die vor allem Schöllhammer zu verdanken ist. Ein schöner Geschirrdekor war das Ansbacher Muster. Die Figuren waren etwas steif.

1758—1806
›Ansbach‹

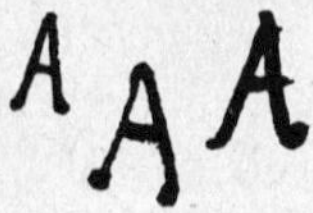

Stadtwappen

---

um 1765

Markgräfl. Hof

KELSTERBACH, HESSEN-DARMSTADT (1758—1768)

Der Landgraf Ludwig VIII. von Hessen-Darmstadt vergab 1758 ein Privileg für eine Fayencefabrik an den Hofjäger Wilhelm Cron und dessen Schwager, den Fayencier Johann Christian Frede, der als Dreher schon unter Hannong gearbeitet hatte. 1769 trat Cron seine Anteile an seinen Schwager Casper Mayntz ab. Mayntz erwarb 1760 in Kelsterbach ein geeignetes Haus für die Manufaktur und baute einen Ofen. 1761 übernahm Landgraf Ludwig VIII. das Unternehmen und setzte Christian Daniel Busch als Direktor ein, der in Meißen und Wien als Maler tätig gewesen war und 1764 wieder nach Meißen ging, um Höroldts Platz einzunehmen.

Wichtigster Modelleur der früheren Zeit war Friedrich Carl Vogelmann; 1767 kam ein Schüler Bustellis, Peter Antonius Seefried, dazu, der 1768 nach Nymphenburg zurückging. Als Maler waren von 1761 bis 1764 Georg Ignaz Heß und Franz Joseph Weber neben Busch tätig.

1765 wurde der Kabinettskassierer Eberhardt Dietrich Pfaff Direktor. Er sollte das Unternehmen wirtschaftlicher gestalten und entließ deshalb die meisten Künstler zugunsten billigerer Kräfte, die aber alle nur kurze Zeit blieben. Zur Verbesserung der wirtschaftlichen Lage nahm er die Fayenceproduktion wieder auf und stellte den Gründer der Offenbacher Fayencefabrik Philipp Friedrich Lay ein, der bis 1766 blieb. Mit dem Tode Ludwigs VIII. wurde der Betrieb eingestellt, und Pfaff ging in Pension.

Ein Erneuerungsversuch durch Jakob Heinrich Höckel, Modelleur aus Höchst, scheiterte 1802 an den politischen Verhältnissen.

PFALZ-ZWEIBRÜCKEN, GUTENBRUNN (1767–1775)

Der Arkanist und Physikus Dr. Stahl und der Modelleur Laurentius Russinger errichteten für Herzog Christian IV. von Pfalz-Zweibrücken im Schlößchen Gutenbrunn eine Porzellanmanufaktur. Technischer und künstlerischer Leiter war bis 1768 Russinger. 1769 wurde der Betrieb wegen einer Überschwemmung nach Zweibrücken verlegt. Nachfolger von Russinger war Jakob Heinrich Höckel aus Höchst, dessen Bruder die Malerei leitete. Mit dem Tode des Herzogs endete 1775 die Produktion, die sich fast ausschließlich auf schlicht geformtes Gebrauchsgeschirr mit Blumenmalerei konzentriert hatte. Figuren gab es kaum.

NASSAU-SAARBRÜCKEN, OTTWEILER (SAAR) (1763–1794)

Wilhelm Heinrich von Nassau-Saarbrücken (1742–1768) gründete nach dem Vorbild Frankreichs und Sachsens 1763 eine Manufaktur mit Hilfe des Arkanisten Dominique Pellevé aus Rouen. In der Nähe von Ottweiler wurden Quarz und Kaolin gefunden, und man konnte ab 1764 Hartporzellan herstellen. Seit 1765 war Paul Louis Cyfflé für kurze Zeit tätig. Er harmonierte nicht mit Pellevé und wurde durch den Modelleur Tentz ersetzt. Pellevé verließ plötzlich Ottweiler.

Nach dem Tode des Fürsten Wilhelm Heinrich wurde die Manufaktur an die Franzosen René François Jolly und Nicolas Leclerc verpachtet. 1769 bis 1770 war Karl Wohlfahrt als Maler tätig. Ottweiler war die erste Fabrik, die zum Porzellanbrennen Steinkohle in Form von Koks verwendete. In den achtziger Jahren ging sie zur Erzeugung von Steingut über.

Das Ottweilersche Porzellan war von guter Qualität. Die Bemalung ist besonders hervorzuheben. Figürliche Arbeiten waren selten; es wurden vor allem Tafel- und Kaffeegeschirre hergestellt.

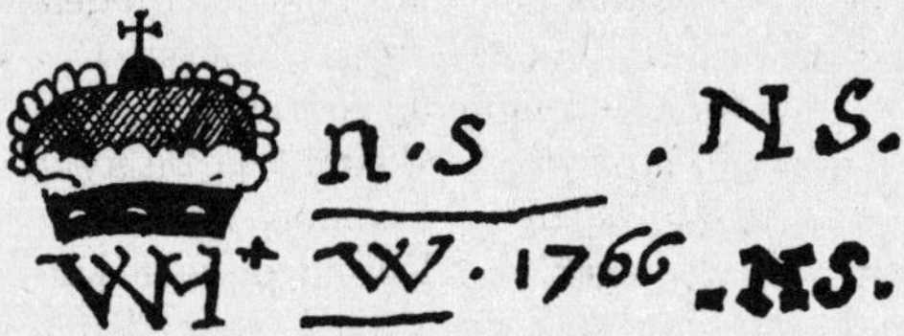

FULDA (1765—1780)

Der Fürstbischof Heinrich VIII. von Bibra zu Fulda gründete die ›Fürstlich-Fuldaische feine Porzellanfabrik‹. Sein Arkanist war Nikolaus Paul, ein ehemaliger Arbeiter von Wegely in Berlin. Unter der Leitung von Abraham Ripp stellte die Manufaktur erstklassige Kleinplastiken her, die an Frankenthaler und Meißener Vorbilder erinnern. Besonders hervorzuheben ist der in gewählten Farben gehaltene Dekor der Figuren. Das Geschirr tritt weniger in den Vordergrund. Als Modelleure waren Wenzel Neu, Valentin Schaum, Johann Georg Schumann und Georg Ludwig Bartholome tätig, als Maler unter anderem Georg Friedrich und Johann Ignaz Heß.

1778 wurde Adalbert von Harstall Fürstbischof, während dessen Amtszeit die Fuldaer Manufaktur 1789 schloß.

1764—1780
›Kreuzmarke‹

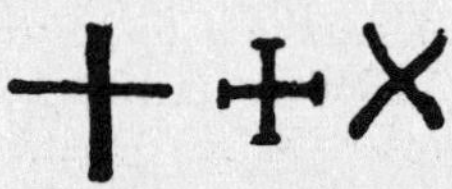

1780—1788
›Heinrichsmarke‹

1788—1790
›Adalbertsmarke‹

KASSEL (1766–1788)

Landgraf Friedrich von Hessen gründete am 6. Mai 1766 die Manufaktur vor dem Weißensteiner Tor. Er gewann den Arkanisten Nikolas Paul aus Fulda, und im Juli des gleichen Jahres konnte das erste Porzellan gebrannt werden. Unter den vielen bekannten Künstlern, die hier, oft nur für kurze Zeit, arbeiteten, waren der Modellmeister Johann Georg Pahland aus Fürstenberg, der Bossierer Friedrich Künckler aus Rudolstadt, der Bossierer Johann Joachim Heß aus Fulda, die Maler Georg Schrimpf aus Nymphenburg, Johann Zisler aus Höchst, Johannes Uffelmann und Heinrich Eisenträger aus Fürstenberg, der Blaumaler Claudius Arend aus Kassel und Louis-Victor Gerverot und Jakob Dortu.

Am 24. Juni 1788 wurde zum letzten Male Porzellan gebrannt. Wegen unrentabler Produktion mußte die Manufaktur aufgelöst werden. Große Lagerbestände wurden billig verkauft.

WÜRZBURG (1775–1780)

Der fürstbischöfliche geheime Kanzlist und Konsistorialrat Johann Kaspar Geyger betrieb bis zu seinem Tode mit dem Privileg des Fürstbischofs von Würzburg, Franz Ludwig von Erthal, eine kleine Manufaktur und arbeitete selbst als Maler. 1776 war der Miniaturenmaler H. Tünnich für kurze Zeit in Würzburg. Das Porzellan war von unterschiedlicher Qualität. Mehrere Figuren konnten als würzburgisch nachgewiesen werden.

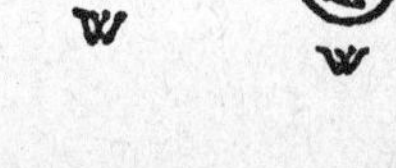

ELLWANGEN-UTZMEMMINGEN, WÜRTTEMBERG (1758–1759)

Der Landbaumeister Arnold Friedrich Prahl gründete 1758 in Utzmemmingen eine Porzellanfabrik. Mit Hilfe des Wiener Arkanisten Joseph Johann Ringler gelang es, Porzellan herzustellen. Prahl starb 1758, und seine Witwe verlegte den Betrieb nach Ellwangen. Dort wurde noch ein Jahr Porzellan produziert, aber der Besitzer der in der Nähe gelegenen Schrezheimer Fayencefabrik, Bux, machte fortgesetzt Schwierigkeiten und erwirkte schließlich die Einstellung des Betriebes.

Neben dem Arkanisten Ringler waren die Maler Johann Andreas Bechdolff, Jörg Adam Keyb und Vater oder Sohn Heß und der Bossierer Josef Nees beschäftigt, der später nach Ludwigsburg und dann nach Zürich ging.

Außer Geschirren in Bunt- und Blaumalerei wurden Galanterien und Figuren hergestellt.

Thüringen

Im Gegensatz zu vielen deutschen Manufakturen sind die Thüringer Porzellanfabriken überwiegend aus Privatinitiative entstanden und als kaufmännische Unternehmen aufgebaut worden. Sie erhielten keine Zuschüsse und mußten daher vor allem auf Absatz einer für die Bevölkerung erschwinglichen Ware bedacht sein. Die berühmten Künstler der großen Manufakturen arbeiteten nicht im Thüringer Wald — und trotzdem haben die Erzeugnisse dieser Manufakturen ihren Reiz, der in ihrer Urwüchsigkeit liegt. Die Figuren gewinnen durch bäuerlichen Charme.

VOLKSTEDT (seit 1760)

Georg Heinrich Macheleid war es gelungen, unabhängig für sich das Porzellan zu erfinden. 1760 bekam er vom Fürsten Johann Friedrich zu Schwarzburg-Rudolstadt ein Privileg zur Gründung einer Porzellanfabrik, die dann 1762 von Sitzendorf nach Volkstedt verlegt wurde. Auch der Landesfürst gehörte zu der Volkstedter Sozietät. Im Todesjahr des Fürsten 1767 wurde die Fabrik an Christian Nonne verpachtet, der sie 33 Jahre leitete. Macheleid schied aus und erhielt eine Leibrente. 1797 wurde die Manufaktur an den Prinzen Ernst Constantin von Hessen-Philippsthal verkauft, der sie zwei Jahre später an die Kaufleute Wilhelm Heinrich Immanuel Greiner und Carl Gottfried Holzapfel in Rudolstadt weitergab. Betriebsleiter der Firma Greiner und Holzapfel wurde der Sohn Anton Greiner, der nach des Vaters Tod 1817 die Fabrik übernahm und bis 1826 leitete. Danach wechselte sie mehrmals den Besitzer.

Künstler der Anfangszeit (seit 1765) waren Johann Andreas Greiner und Triebner als Maler und Künckler aus Fürstenberg als Bossierer. Hauptkünstler der achtziger Jahre war der Hofmaler Franz Kotta.

Das Geschirr war oft sehr originell plastisch verziert. Meistens war Meißen das Vorbild für Formen, Figuren und die ausgezeichnete Malerei.

Macheleid

1760—1799

1787
Die geänderten Marken
nach dem Meißener
Verbot

1799—1817

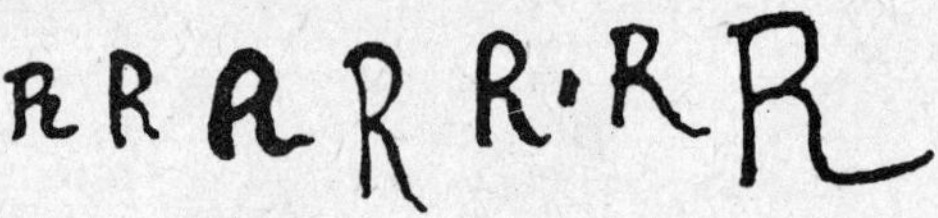

Moderne Marken
(›Älteste Volkstedter
Porzellanfabrik‹)

KLOSTER-VEILSDORF (seit 1760)

Prinz Friedrich Wilhelm Eugen von Hildburghausen gründete 1760 eine Manufaktur mit Hilfe des Arkanisten Johann Hermann Meyer, der kurz danach starb. Die Öfen wurden nach Angaben von Nikolaus Paul gebaut, der aber selbst nicht in der Manufaktur arbeitete. 1763 bis 1771 war sein Sohn Nikolaus dort beschäftigt.

Der Prinz bemühte sich, das Unternehmen wirtschaftlich zu gestalten, aber der Erfolg blieb gering. Nach seinem Tode 1795 ging die Manufaktur in den Besitz des Herzogs Friedrich von Sachsen-Altenburg über, der sie an die Söhne von Gotthelf Greiner in Limbach und an die Firma Christian Greiner in Rauenstein verkaufte. Die Fabrik blieb bis 1822 im Besitz der Familie Greiner. Nach häufigem Besitzerwechsel wurde sie dann Aktiengesellschaft.

Das Porzellan tritt durch seine sehr gute Malerei in den Vordergrund. Die Figurenplastik verbesserte sich in den siebziger Jahren. Als Modelleur war Franz Kotta tätig, der 1783 nach Volkstedt ging.

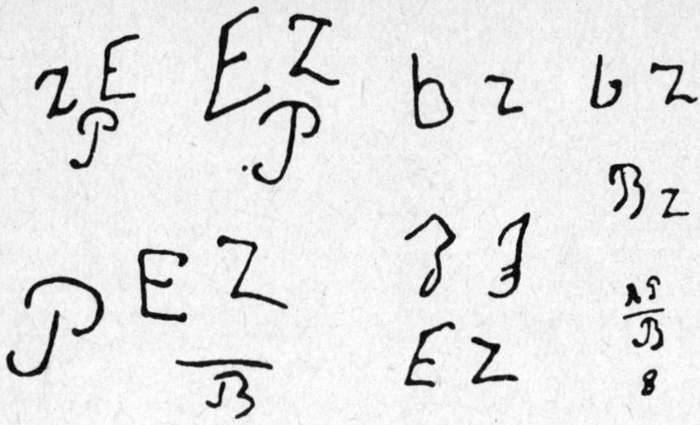

GOTHA (seit etwa 1757)

Der Geheimrat Wilhelm von Rotberg gründete diese Manufaktur um 1757. Nikolaus Paul in Fürstenberg verkaufte ihm das Arkanum. Aus kleinen Anfängen entwickelte sich die Manufaktur zu einem beachtlichen Unternehmen. Bis 1767 waren nur drei Personen beschäftigt. 1772 konnte von Rotberg drei tüchtige Künstler verpflichten, den Blumenmaler Christian Schulz, den Landschafts- und Historienmaler Johann Georg Gabel und Johann Adam Brehm, der sich als Modelleur betätigte. Sie bestimmten die künstlerische Linie und pachteten zehn Jahre später die Fabrik bis 1788. Die Firma ›Schulz und Compagnie‹ arbeitete mit gutem Erfolg.

Nach dem Tode Rotbergs 1795 verkaufte seine Witwe die Fabrik an den Erbprinzen August von Gotha, der seinen Kammerdiener Egidius Henneberg als Mitpächter und Kontrolleur einsetzte. 1804 wurde Henneberg alleiniger Pächter, nach 1813 Besitzer. Er starb 1834. Sein Sohn Johann Christian übernahm die Leitung bis 1860 und sein Enkel August Henneberg bis 1881.

Die Manufaktur brachte von allen Thüringer Fabriken das beste Geschirr hervor. Kleinere Service mit fein gemaltem Dekor und später Silhouettentassen und hervorragende Vasen waren Spezialität. Die figürliche Plastik beschränkte sich auf Biskuit.

1757—1783

1783—1805

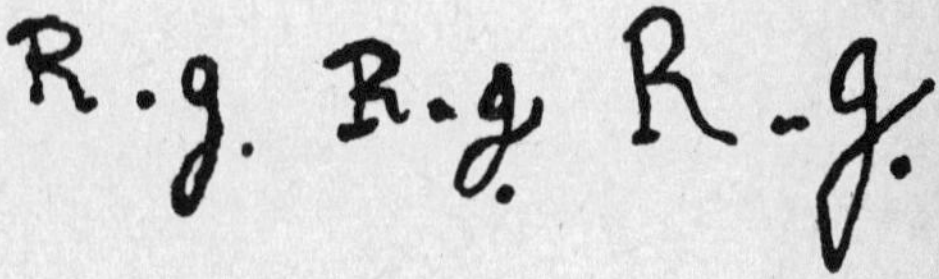

seit
1805

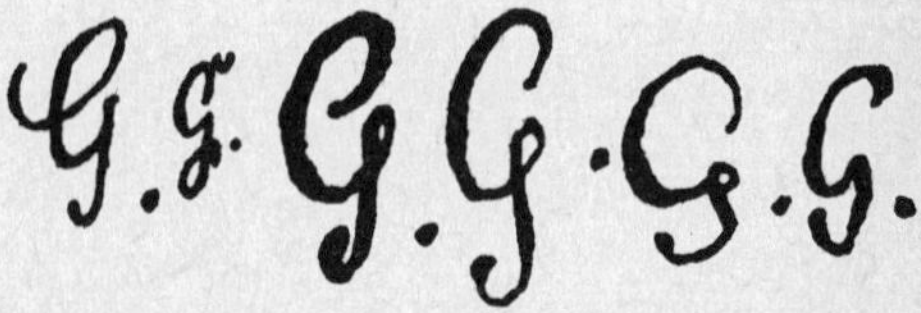

1830
›Henneberg‹

WALLENDORF (seit 1764)

Johann Wolfgang Hamann, mit Bergbau und Hüttenwesen vertraut, tat sich mit dem Töpfer Johann Georg Dümmler, dem Glasmacher Gotthelf Greiner und dessen Schwager Gottfried Greiner zusammen und gründete in Limbach eine Porzellanmanufaktur. Die Greiners hatten eine gute Masse und eine Glasur entwickelt. Die Konzession des Herzogs Anton Ulrich von Meiningen war jedoch nicht sehr günstig, da sie keine kostenlose Holzlieferung einschloß und so das Unternehmen in Frage stellte. Schließlich kaufte Hamann das Rittergut Wallendorf. Mit dem Privileg des Herzogs Franz Josias von Koburg-Saalfeld wurde hier 1764 eine Fabrik eingerichtet. Von 37 Beschäftigten stieg die Belegschaft in den neunziger Jahren auf 50 an. 1771 schied Gotthelf Greiner aus und gründete in Limbach eine eigene Manufaktur. 1776 verpachtete Hamann die Fabrik an seinen Sohn Ferdinand Friedrich, der sie 1782 erwarb. Nach seinem Tode 1786 führte seine Witwe das Unternehmen, bis ihr Sohn es 1811 übernahm.

1794 gründete Johann Heinrich Hutschenreuther eine Werkstätte, in der er mit vier Malern Wallendorfer Porzellan bemalte. Nach mehrmaligem Besitzerwechsel wurde die Manufaktur 1897 zur GmbH.

Neben ausgesprochenem Gebrauchsgeschirr wurde auch feinere Ware hergestellt. Dunkle Glasuren, zum Teil mit bunten Bildern in ausgesparten Reserven, waren Wallendorfer Spezialität. Besonders die Figuren der frühen Zeit waren lebendig in der Bewegung.

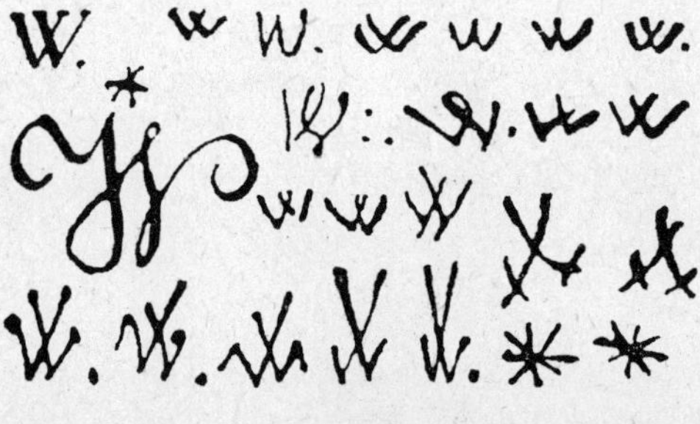

LIMBACH (1772)

Gotthelf Greiner war die Porzellanerfindung gelungen. Da die Konzession für eine Porzellanfabrik in Limbach keine freie Holzlieferung einschloß, hatte er sich mit seinem Schwager Gottfried an der Gründung in Wallendorf unter Wolfgang Hamann beteiligt. 1771 bewarb er sich erneut um eine Konzession bei der Herzoglichen Kammer in Meiningen. 1772 begann die Produktion, und das Unternehmen entwickelte sich günstig. 1792 übernahmen die fünf Söhne die Fabrik. Greiner starb 1797. Die Fabrik wurde von den Söhnen unter der Bezeichnung ›Gotthelf Greiners Söhne‹ weitergeführt.

Das Geschirr war hier vor allem für den Massenverbrauch bestimmt. Die Blaumalerei (Halmdekor) wurde besonders gepflegt. Auf höherer Stufe stand die Figurenplastik. Bemerkenswert sind lebensgroße, die Jahreszeiten darstellende Puttenfiguren.

Manches ist nicht geglückt, ober oft läßt die schöne Bemalung über Mängel hinwegsehen. Besonders reizvoll sind einige Kostümfiguren.

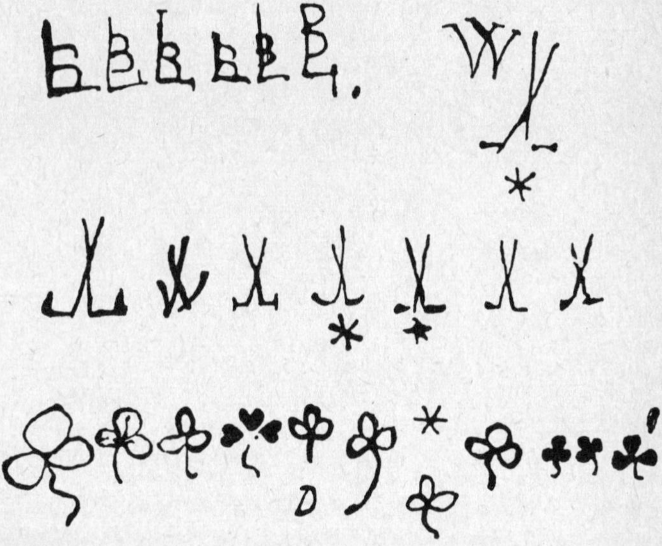

1772 erster Brand unter Greiner

GERA (1779)

Der Stadtpfeifergeselle Johann Gottlob Ehwaldt hoffte, mit dem Fayencier Johann Gottlieb Gottbrecht aus einem in seinem Besitz befindlichen geeigneten Boden Porzellan machen zu können. Zwar gab ihnen der Landesherr Graf Heinrich XX. von Reuß ein Gebäude, aber die Porzellanherstellung gelang nicht. 1780 kauften die Brüder Georg Wilhelm und Johann Andreas Greiner das Unternehmen und schlossen es an Volkstedt an. Zwistigkeiten führten wieder zur Trennung. 1800 konnte sich Georg Wilhelm Greiners Witwe durch Abfindungen der Partner in den Besitz der Manufaktur bringen. Nach dem Konkurs wurde Gustav Heinrich Leers Mitbesitzer, und die wirtschaftliche Lage besserte sich wieder.

Die Formen der Geschirre waren klassizistisch. Eine Hauptproduktion bildeten Geschenktassen. Geraer Figuren sind wenig bekannt.

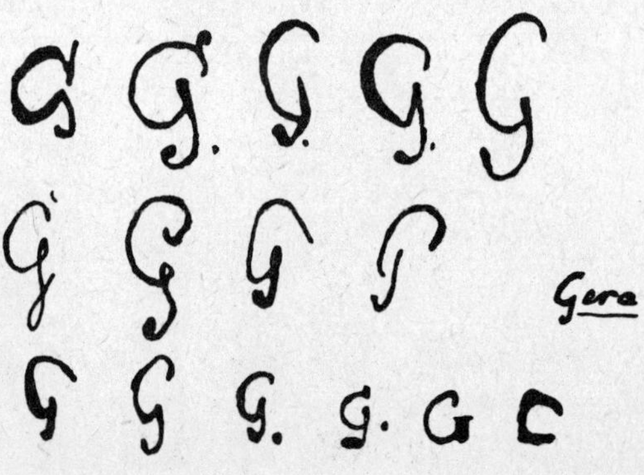

ILMENAU (seit 1777)

Christian Zacharias Gräbner aus Großbreitenbach erhielt von Herzog Carl August von Weimar 1777 eine Konzession zur Errichtung einer Porzellanfabrik. Gräbner hatte Schulden, und so kam die Manufaktur 1782 unter fürstliche Verwaltung.

1786 wurde die Manufaktur bis 1792 an Gotthelf Greiner verpachtet. Sein Nachfolger war Christian Nonne, der die Fabrik von Volkstedt aus leitete. Unter Nonne wurde um 1800 die Erzeugung von Porträtreliefs und weißen Reliefbildern auf blauem Grund nach Wedgwoods Vorbild begonnen. Seit 1808 waren Nonne und dessen Schwiegersohn Ernst Karl Roesch Eigentümer der Manufaktur. Nach Nonnes Tod 1813 führte Roesch das Unternehmen ohne viel Erfolg allein weiter. 1871 wurde es Aktiengesellschaft.

Großbreitenbach/Thür.

Ilmenau/Thür.
1788–1792

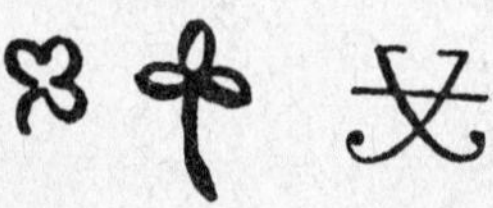

1792–1808

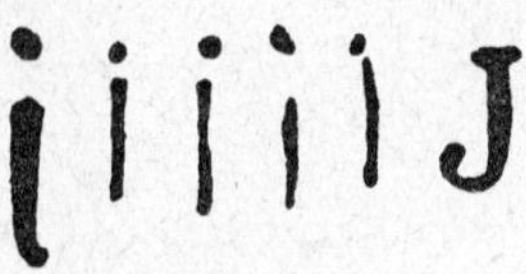

1808

N&R

Moderne Marken

Im 19. Jahrhundert wurden mehrere neue Porzellanfabriken gegründet, die sich bis heute zu mächtigen Werken mit mehreren Einzelbetrieben entwickelt haben. Sie mußten vor allem wirtschaftlich rentabel produzieren, um die Krisenzeiten des 19. Jahrhunderts zu überstehen. Die größten von ihnen, Hutschenreuther und besonders Rosenthal, haben sich auch mit Erfolg um den neuen Stil gegen Ende des Jahrhunderts, um den Jugendstil, bemüht.

Hohenberg (Bayern)

1814 gegründet von Carl Magnus Hutschenreuther

Arzberg (Bayern)

1839
Carl Magnus
Hutschenreuther

1881
Carl Schumann

Selb (Bayern)

1856
Lorenz
Hutschenreuther

1866
Jakob Zeidler

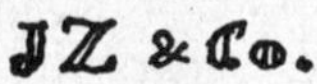

1867
Philipp Rosenthal

1884
Krautheim und
Adelberg

1896
Heinrich & Co.

Kronach (Bayern)
1897
Philipp Rosenthal & Co.

Unterweißbach
(Thüringen)

Mann und Porzelius,
Schwarzburger
Werkstätten

Vor dem Ersten Weltkrieg arbeiteten Ernst Barlach, Paul Scheurich, später Ludwig Gies für diese Manufaktur.

Österreich

WIEN (1717–1864)

Die Zeit unter Du Paquier 1717–1744
(›Wien vor der Marke‹)

Der aus Trier stammende Hofkriegsratsagent Claudius Innocentius du Paquier gründete in der Roßau in Wien eine Porzellanmanufaktur. Er hatte die Briefe d'Entrecolles aus China studiert und hoffte mit Hilfe des im gleichen Jahr angeworbenen Vergolders Christoph Conrad Hunger aus Meißen, Porzellan brennen zu können, aber es gelang erst, als Böttger ihm eine Ofenzeichnung übersandte und 1718 der Meißener Arkanist Samuel Stölzel nach Wien kam. Wegen der schlechten wirtschaftlichen Lage ging Stölzel 1720 nach Meißen zurück und nahm den Maler Gregor Höroldt mit. Hunger ging im gleichen Jahr nach Venedig. Du Paquier verlegte seine Fabrik in die Porzellangasse und stellte mehr Personal ein.

Ein Werk Hungers soll der kostbare Kaiserpokal sein, der mit feinen Goldauflagen und kleinen Rubinen und Türkisen geschmückt ist.

Charakteristisch waren für die Zeit bis 1730 Chinoiserien (diese Stücke wurden mit stilisierten chinesischen Kaisermarken versehen) und Einflüsse des Wiener Barock (Laub- und Bandelwerk). Vieles wurde in Schwarzlot gemalt und zum Teil mit Gold gehöht. Als erste Manufaktur hat Wien Streublumendekors herausgebracht, dann Indianische Blumen und später Deutsche Blumen.

Du Paquier stand den Hausmalern verständnisvoll gegenüber, von denen die besten für ihn arbeiteten (Bottengruber aus Breslau, Helchis aus Wien, Carl Wendelin Anreiter von Zirnfeld, Anton Franz Josef Schulz) und mit ausgezeichneter Malerei und guten Farben das Wiener Porzellan der Zeit bestimmten. Unter den anderen Malern ist der Wiener Joseph Philip Dannhöfer zu nennen, der über Bayreuth nach Höchst ging.

Das Porzellan der Du-Paquier-Periode hatte wenig Anlehnung an das Meißener. Die Formen waren selbständig entwickelt. Besonders zu erwähnen sind schlanke Schokoladentassen mit barockem Pfeifenornament am unteren Teil, mit oder ohne Henkel, und mit tiefen Untertassen (Trembleusen), auch Geschirr mit Figurenplastik.

Trotz der erfolgreichen Produktion war Du Paquier ständig in finanziellen Schwierigkeiten, die ihn zwangen, die Manufaktur, die damals 20 Personen beschäftigte, an Maria Theresia zu verkaufen. Er selbst wurde im gleichen Jahr pensioniert und starb 1751.

Staatliche Periode (1744–1784)

In diese Zeit fällt der Übergang vom Rokoko zum Klassizismus, der in Wien von dem Vorbild Sèvres geprägt wurde.

Seit 1744 ist das Wiener Porzellan an seiner Marke, dem Bindenschild, zu erkennen. Es wurde bis 1749 in roter oder blauer Unterglasurfarbe als Blindprägung angebracht oder eingeritzt. Von da an gab es 1827 nur das unterglasurblaue Bindenschild.

1749 konnte die Masse sehr verbessert werden. Stücke für den Hof wurden von 1750 bis 1780 mit einem besonderen Bindenschild in Unterglasurblau gezeichnet. Ausschuß ist durch ein rotes oder grünes A über der blauen Marke oder durch Einschnitte über der Marke kenntlich gemacht. Seit 1783 wurden noch Jahreszahlen neben den Marken eingepreßt, zum Beispiel 85 für 1785 oder 806 für 1806. Blindgeprägte Buchstaben sind Bossiererzeichen, aufgemalte Zahlen Malerzeichen. 1827 bis um 1850 gab es dann wieder das blindgeprägte Bindenschild.

Die neue Leitung der staatlichen Manufaktur machte sich durch straffere Organisation bemerkbar. Alte Warenbestände wurden in Lotterien abgestoßen, und der Betrieb wurde erweitert. Während des Zweiten Schlesischen Krieges kamen viele Künstler von Meißen nach Wien. Seit 1745 waren unter dem Malereivorsteher Anton Anreiter von Zirnfeld und dem Obermaler Johann Sigismund Fischer auch Christian Daniel Busch und Samuel Hitzig aus Meißen tätig. Der Blumenmaler Johann Gottfried Klinger aus Meißen wurde 1746 als Farblaborant eingestellt. Der nicht aus Meißen stammende Blumenmaler Johann Daffinger ging 1770 von Wien nach Zürich. Bekannte Modelleure waren Josef Niedermayer (1747—1784), der volkstümliche und später klassizistische Figuren schuf; Leopold Dannhauser, der im klassizistischen Stil nach dem Sèvres-Vorbild arbeitete; Anton Grassi von 1755 bis 1807 und Filippo Taglioni.

Sorgenthal-Periode (1784—1805)

1784 wurde die Manufaktur wegen wirtschaftlicher Schwierigkeiten zum Verkauf ausgeschrieben. Da sich kein Interessent meldete, übertrug man die Leitung dem geadelten Linzer Textilfabrikanten Konrad von Sorgenthal (Sörgel), dem es ganz im Zeichen des Klassizismus gelang, die Manufaktur zu neuer Blüte zu bringen. Die Plastik wurde von Anton Grassi bestimmt, dem Nachfolger Niedermayers. Er arbeitete hauptsächlich in Biskuit-Porzellan. Die geraden Formen der Gefäße wurden von den Malern Georg Perl (1771—1807) und Joseph Leithner (seit 1770) mit Goldreliefs, Malereien nach antiken Vorbildern und zum Teil neuentwickelten lüstrierenden Fondfarben dekoriert.

1805 starb Sorgenthal, es wurde aber bis etwa 1820 unverändert weitergearbeitet. Der allgemeine Verfall dieser Zeit machte auch vor der Wiener Manufaktur nicht halt. Sie mußte 1864 aufgelöst werden. Undekoriertes Porzellan, das bei dieser Gelegenheit in Mengen verkauft wurde, ist in vielen Fällen später außerhalb der Fabrik bemalt worden.

Spätere Imitationen von ›Alt-Wien‹ stammen von Franz Dörfl (seit 1880) oder Josef Vater (seit 1850).

Die heutige ›Wiener Manufaktur im Augarten‹ ist eine Neugründung von 1922.

Du Paquier
1720–1730

Staatl. Periode
1744–1784

1744–1749

1749–1780

1750–1780

Sorgenthal-Periode
1784–1864

1820–1827
1827–1850
1850–1864
Ausschuß

Böhmen

SCHLAGGENWALD (1793)

Franz Anton Haberditzel war der Begründer der böhmischen Porzellanindustrie. Er hatte schon 1789 mit dem Porzellanhändler Jakob Just aus Thüringen in Rabensgrün bei Schlaggenwald eine Porzellanfabrik errichtet, die aber nur bis 1793 bestand.

Graf von Kaunitz, Gutsherr von Rabensgrün, erteilte am 18. Juni 1791 dem Bergmeister Johann Georg Paulus und dem Arkanisten Johann Georg Reumann aus Hildburghausen (Thüringen) die Genehmigung, auf seinem Grund eine Porzellanfabrik zu errichten.

Die Blütezeit des Unternehmens fiel in die Jahre 1820 bis 1840, als Haas und Lippert Besitzer waren.

Seit 1876 hieß die Fabrik Haas und Czjzek, 1904 Sommer und Matschak.

Lippert u. Haas

Haas u. Czjzek

Sommer u. Matschak

Elbogen
1815
Rudolf Eugen Haidinger
(mit Zusatz Epiag
seit 1923)

Heinrich Kretschmann

1902
Adolf Persch

Frankreich

ST. CLOUD, SEINE-ET-OISE (1678–1766)

Pierre Chicaneau gründete diese Manufaktur 1678 und stellte ein sehr gutes Frittenporzellan her. Nach seinem Tode führte seine Witwe, wiederverheiratet mit Henri Charles Trou, das Unternehmen unter dem Protektorat des Herzogs von Orléans (Bruder Ludwigs XIV.) bis 1766 weiter.

Die pâte tendre (Frittenporzellan) von St. Cloud hat äußerlich Ähnlichkeit mit dem Blanc de Chine. Die Glasur ist fein und seidenartig glänzend.

Dekor und Formen sind in der frühen Zeit eng mit den Fayencen von Rouen verwandt. Louis Poterat stellte in Rouen seit 1663 neben Fayence ein Frittenporzellan her, dekorierte vorwiegend in Blau unter der Glasur und benutzte keine chinesischen Motive.

In St. Cloud wurden daneben chinesische und japanische Vorbilder nachgeahmt, besonders als man schon mehr Farben auf der Glasur kannte. Vor 1740 ist auch der Einfluß Meißener Formen nach Silberschmiedearbeiten zu erkennen.

Figürliche Arbeiten sind ganz selten, da die Masse dafür nicht geeignet war.

›Sonnengesicht‹

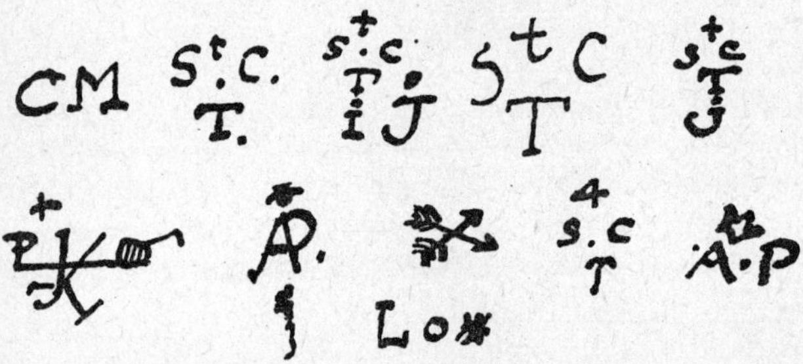

Nach 1722 (Henry Charles Trou)

CHANTILLY, OISE (1725–1800)

Die Manufaktur wurde von Louis Henri de Bourbon, Prince de Condé, 1725 gegründet und von Ciquaire Cirou bis 1751 geleitet. Danach wechselten die Direktoren häufig. 1792 übernahm der Engländer Christopher Potter, der in Paris Hartporzellan erzeugte, das Unternehmen, mußte es aber 1800 wegen wirtschaftlicher Schwierigkeiten aufgeben.

Die beste Zeit war unter Cirou, als eine weiche, milchige Zinnglasur (wie bei der Fayence) verwendet wurde. Formen und Malerei lehnten sich eng an japanische Vorbilder, vor allem an Werke von Kakiëmon, an. Beliebtes Motiv war das Rebhuhn in Blau oder in Rot. Um die Mitte des 18. Jahrhunderts ist ein starker Einfluß von Vincennes zu spüren, wo der Rocaillestil der Zeit Ludwigs XV. schon Eingang gefunden hatte.

In der Malerei erschienen oft Deutsche Blumen von Meißen und Boucher-Putten in Purpurcamaïeu (Ton in Ton). Vincennes hatte das Monopol für farbige Malerei. Die starkfarbigen Gründe mit feinen Goldmustern haben ebenfalls ihre Vorbilder in Vincennes-Sèvres.

Eine zweite Manufaktur Chantilly wurde 1803 von Pigory gegründet. Hier wurde Hartporzellan hergestellt. Am bedeutendsten sind Biskuit-Figuren nach Werken von Pradier. 1845 ging sie in den Besitz von Michel-Isaak Aaron über.

Neugründung 1803

MENNECY-VILLEROY, SEINE-ET-OISE (1734—1806)

1734 gründete François Barbin in Paris eine Fayencefabrik, die er 1748 nach Mennecy verlegte. Sie stand unter dem Protektorat des Herzogs von Villeroy, Louis-François de Neufville. Vater und Sohn Barbin produzierten bis 1765 das übliche Frittenporzellan und verkauften dann die Fabrik an Joseph Jullien und S. Jacques, die bereits die Manufaktur Sceaux (1763—1794) übernommen hatten und nun beide Manufakturen gemeinsam führten. 1733 wurde Sceaux verkauft und die Fabrik nach Bourg la Reine verlegt, wo sie bis 1806 bestand.

Mennecy imitierte gern Produkte von St. Cloud und Chantilly sowie chinesische Vorbilder, später auch Sèvres. Typisch ist die stark glänzende, milchigweiße Glasur.

Es war immer schwierig, in Pâte tendre Figuren herzustellen. Trotzdem sind einige qualitätsvolle, zart bemalte Kindergruppen nach Boucher entstanden. Daneben gab es auch schon Figuren in Biskuit.

Mennecy-Villeroy

DV = de Villeroy eingeritzt oder in Blau oder Rot gemalt.

Sceaux

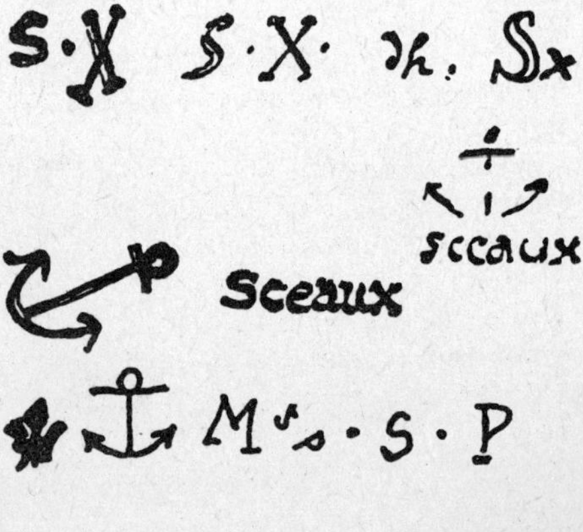

Bourg de la Reine

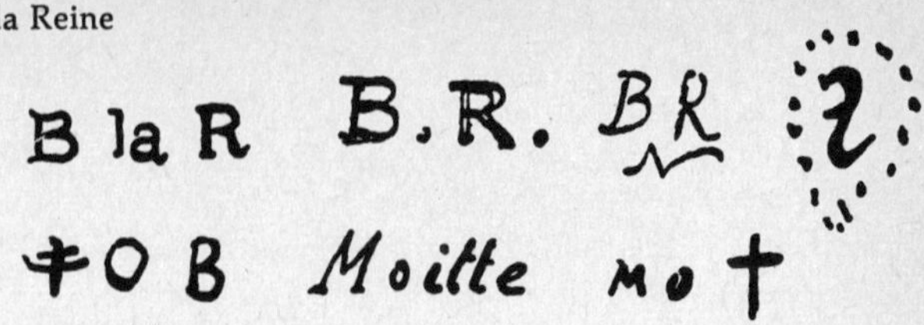

VINCENNES-SEVRES, ILE DE FRANCE (seit 1738)

Die bedeutendste Manufaktur Frankreichs wurde von dem Marquis Orry de Fulvy (Bruder des Finanzministers) mit der Erlaubnis des Königs Ludwig XV., Porzellan nach sächsischer Art herzustellen, 1738 gegründet. Er ließ zunächst drei von Chantilly entlaufene Arbeiter im leerstehenden Schloß von Vincennes Versuche machen – aber ohne Erfolg. Die Brüder Dubois mußten schließlich gehen, François Gravant experimentierte weiter, bis es ihm endlich 1745 glückte, eine gute Masse (Frittenporzellan) herzustellen. Es wurde eine Gesellschaft gegründet, und der König beteiligte sich mit Zuschüssen an dem Unternehmen.

Jean Hellot, Chemiker von der Pariser Akademie, leitete die Manufaktur. Der Hofgoldschmied Duplessis, der Emailleur Mathieu und der Obermaler Bachelier bildeten das entscheidende künstlerische Team.

Ab 1753 durfte die Manufaktur den Namen ›Manufacture royale des porcelaines de France‹ führen. Sie allein hatte das Monopol für Buntmalerei. Das war für die anderen Manufakturen, die nur einfarbig dekorieren durften, sehr hart. Das doppelte L wurde Fabrikmarke. Der König war jetzt mit 33 Prozent beteiligt.

1756 wurde die Manufaktur nach Sèvres verlegt. Nach dauernden Streitigkeiten unter den Aktionären übernahm sie der König 1759 in eigener Regie.

Sèvres-Porzellan zeichnet sich durch einfache, elegante Formen aus, wie sie das weiche Material erforderte, und durch die wunderbaren Farben, die durch die niedrigeren Brenntemperaturen möglich waren. Frühe Porzellane aus Vincennes sind noch wenig bemalt.

Die hervorragenden Fondfarben wurden erst durch Hellot entwickelt. Berühmt sind sein *Bleu du roi*, das dunkelgewolkte *Gros bleu* und das *Bleu mourant*, das *Türkis* und seine schönste Farbe: *Rose Pompadour*, die auf Hartporzellan nicht zu erzielen waren. Für sein späteres Hartporzellan hatte Sèvres dunkle Fondfarben. Farbenfrohe Blumen- und Früchtemalerei in ausgesparten Reserven waren typisch. Manche Farbfonds erhielten in sich noch einen feinen Dekor, wie das beliebte Oeil-de-perdrix (Rebhuhnauge), das sich aus kreisförmig angeordneten Punkten ergibt.

Im Gegensatz zu anderen Manufakturen durften in Sèvres die Maler signieren, waren also nicht ganz anonym tätig.

1752 wurde von Bachelier das Biskuit-Porzellan eingeführt, das in ganz Europa die klassizistische Plastik beeinflußt hat. Etienne-Maurice Falconet war der Bildhauer, der den Sèvres-Stil in dieser Zeit bestimmt hat. Auch Maler, die nicht zur Manufaktur gehörten, wie François Boucher, lieferten Vorlagen. Eine liebenswürdige und äußerst ertragreiche Spezialität waren um die Mitte des 18. Jahrhunderts die Porzellanblumen, die, ursprünglich als Schmuck auf Gefäßen, nun als Einzelstücke auf Stielen aus vergoldeter Bronze zu Modeartikeln wurden. Madame de Pompadour sammelte sie in einem Gewächshaus!

Erst 1772 begann man in Sèvres Hartporzellan herzustellen, nachdem 1768 bei Limoges Kaolinlager entdeckt worden waren. Ab 1777 wurde auch das Biskuit aus Hartporzellan gemacht. Manche Biskuit-Figuren wurden nach berühmten Marmorwerken geschaffen. Modellmeister waren in den siebziger Jahren Bachelier, Leclerc und Louis Simon Boizot, Malereivorstand war Genest.

Das Juwelenporzellan (porcelaine à émaux) mit aufgeschmolzenem Goldblech und farbigen Schmelzflüssen auf blauem oder türkisfarbenem Grund war mehr eine technische als eine künstlerische Höchstleistung.

1780 wurde das Monopol für Buntmalerei aufgehoben.

Trotz der Revolutionswirren konnte die Manufaktur einigermaßen weiterarbeiten. Von 1780 bis 1847 war Alexander Brogniart Direktor. Unter seiner Leitung wurde ab 1800 nur noch Hartporzellan hergestellt. Im Empire, der Zeit Napoleons, war Sèvres tonangebend in Europa. 1804 erhielt die Manufaktur den Titel Kaiserliche Manufaktur. Brogniarts Nachfolger Ebelmann versuchte vergeblich, das Weichporzellan, für das Sèvres berühmt war, wieder herzustellen. Erst 1870 gelang es Salvetat, eine neue Masse zu finden. Nach Ebelmanns Tod war Regnault von 1852 bis 1871 Direktor, künstlerischer Leiter war Dieterle, danach Nicolle. Ab 1876 kam die Manufaktur unter die Leitung von Carrière-Belleuse, Charles Lauth und Georges Vogt. Von 1887 bis 1891 wurden unter Théodore Deck neue technische Versuche gemacht. Künstlerische Leiter waren unter anderem Emil Baumgart und Alexandre Sandier.

Ab 1909 leitete Emile Bourgeois das Unternehmen und ab 1920 Lechevallier-Chévignard. Als Plastiker arbeiteten A. Rodin und A. Léonard, als Maler Taxile Doat, Solon und H. Lasserre.

Marken: 1738–1744 in Vincennes zwei gegeneinander gerichtete, verschlungene L, denen zwischen 1745 und 1752 ein Punkt zugefügt wurde. Seit 1753 wurden Jahresbuchstaben in das von den beiden L gebildete rautenförmige Feld gesetzt. Nachdem man so schließlich bei Z angekommen war, wurden die Buchstaben verdoppelt. Bei Hartporzellan kam von 1769 bis 1793 über die Buchstaben noch die königliche Krone. Die Marken erschienen meist in hellem Blau. Während der Revolutionszeit wurden mehrere Marken ohne Unterschied geführt: RF in Kursiv und Steilschrift nebeneinander oder als Monogramm mit dem Namen Sèvres. Zwischen 1800 und 1802 Sèvres auch allein in Goldschrift. Unter Napoleon als Konsul (1803 bis 1804) M.N. de Sèvres; unter dem ersten Kaiserreich (1804–1809) M. Imp. le de Sèvres; 1810 bis 1814 der gekrönte Adler auf dem Rutenbündel mit der Unterschrift Manufacture Imperiale Sèvres in Rot aufgedruckt.

bis 1753

Marke mit Krone und Buchstaben

R = 1770
bis
PP = 1793

Erste Republik
1793—1804

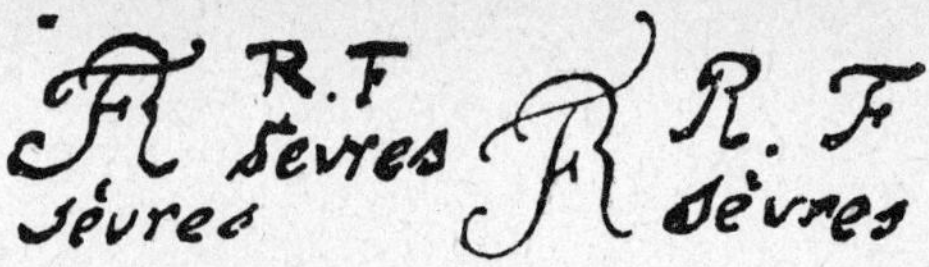

Konsulat
1803—1804

Erstes Kaiserreich
1804—1814

Rechts:
1810—1814

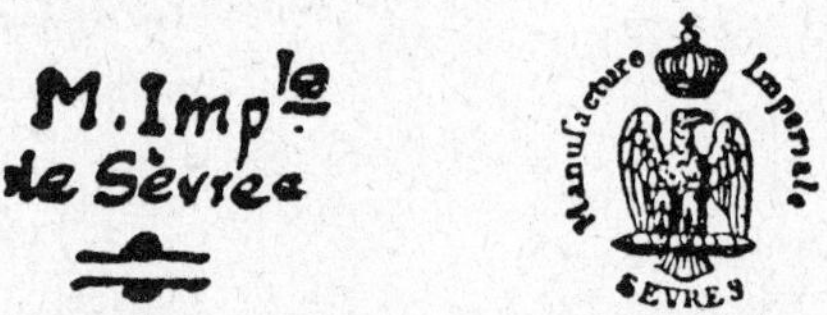

Ludwig XVIII.
1814—1824

Charles X.
1824—1830

Louis Philippe
1830—1848

Wedgwood-Kanne aus der berühmten farbigen Jasperware (Steingut) mit aufgelegten weißen Reliefs, Ende 18. Jh.

Kaffee-Service mit mythologischer Malerei, Nymphenburg um 1810

›Meleager und Atalante‹, Konrad Linck, Frankenthal um 1770 (oben links) — Die Prinzessinnen Louise und Friederike, Biskuitporzellan. Gottfried Schadow, Berlin 1796 (oben rechts)

Vase von Arnold Krag
Unterglasurblaue Malerei nach dem japanischen Holzschnitt ›Die Welle‹ von Hokusai, Kopenhagen 1888

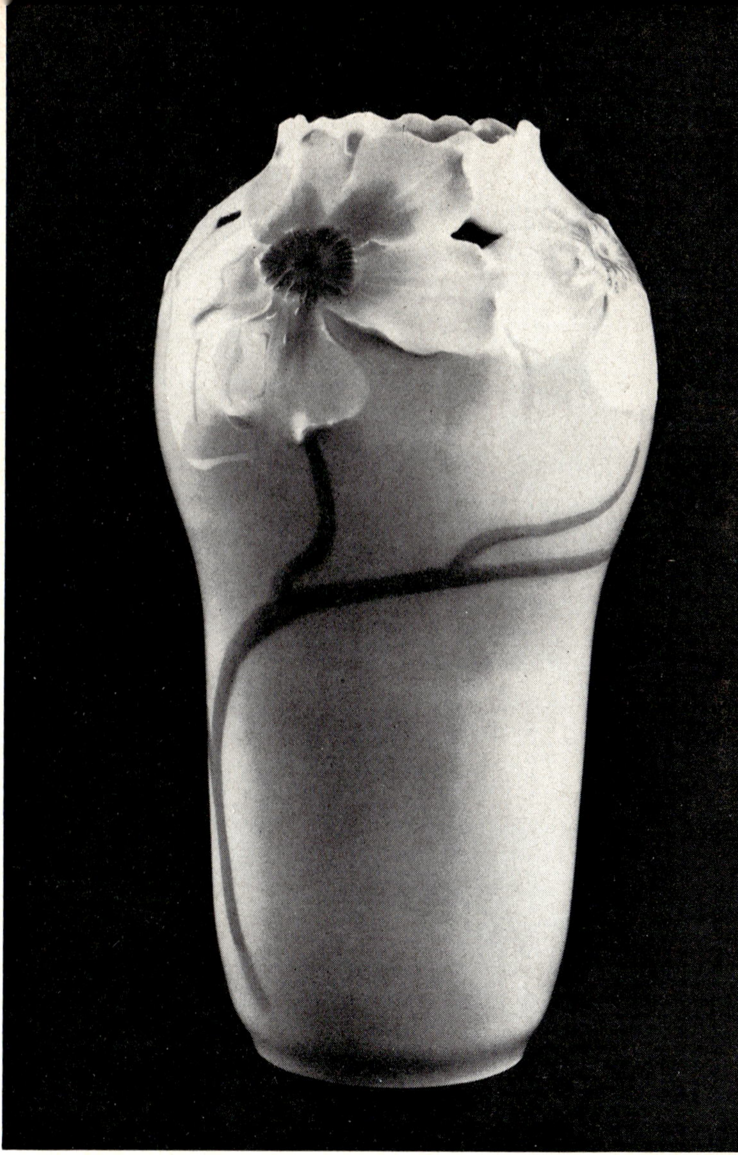

Jugendstilvase mit Narzissenrand. Rörstrand/Schweden um 1900

Oben links: französische Jugendstilvase, um 1900 — oben rechts: Japaner aus dem Tafelaufsatz zur Hochzeit des deutschen Kronprinzen. Adolf Amberg, Berlin 1905 — unten: Teekanne mit Goldornamenten. Entwurf von Henry van de Velde, Meißen 1903

Zweite Republik
1848—1852

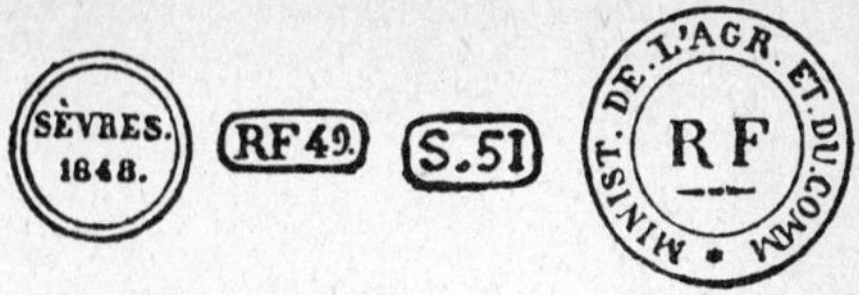

Zweites Kaiserreich
1852—1870

Weichporzellan

Dritte Republik
seit 1871

Auf Porzellanen, die Théodore Deck entwickelt hat

Auf Biskuitfiguren
1860—1899

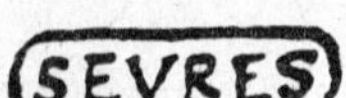

1928—1940

seit 1941

Gegen Ende des 18. Jahrhunderts entstanden in und um Paris viele kleine Privatmanufakturen, die Hartporzellan erzeugten. Sie standen meistens unter dem Protektorat einer fürstlichen Persönlichkeit, traten aber neben der großen Staatsmanufaktur kaum in Erscheinung.

Unter ihnen war die 1769 von Peter Hannong in Faubourg St. Lazare gegründete Manufaktur, die unter dem Schutz von Charles Philippe, Comte d'Artois stand; die Manufacture du Duc d'Angoulème, 1780 von Guerhard und Dihl in der Rue de Bondy gegründet, die sogar Sèvres Konkurrenz machte; und die Manufacture de porcelaines dites à la Reine, von André-Marie Lebœuf, die von der Königin Marie-Antoinette begünstigt wurde.

Wichtig ist eine kleinere Manufaktur in *Niderviller* (Lothringen), die 1754 von Baron Jean-Louis de Beyerle in dessen Fayencefabrik gegründet wurde. Von 1770 bis 1793 war sie im Besitz des Comte de Custine, von 1793 bis 1827 leitete sie Claude-François Lanfrey. Die sehr ansprechende Figurenplastik in Biskuit oder mit Bemalung wurde von 1759 bis 1808 von Charles-Gabriel Sauvage gen. Lemire bestimmt. 1827 übernahm M. L. G. Dryander den Betrieb.

1754—1770
De Beyerle

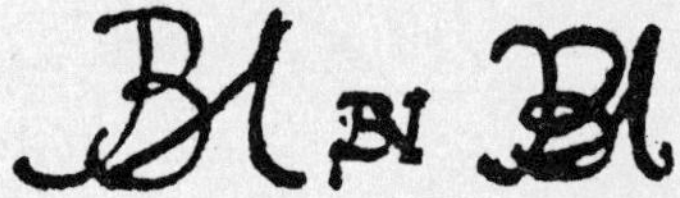

1770—1793
Comte de Custine
CC u. CN

1793—1827
›Lemire Pére‹
(Charles-Gabriel
Sauvage)

1827

LIMOGES, HAUTE-VIENNE

Seit 1768 in St. Yrieix bei Limoges Kaolinlager entdeckt worden waren, entstanden nicht nur in Paris viele kleine Manufakturen, sondern auch bis ins 20. Jahrhundert hinein in Limoges selbst.

1771 gründeten die Brüder Grellet eine Fabrik, die bis 1784 unter dem Protektorat des Comte d'Artois stand. Sie ging dann in den Besitz des Königs über, und das weiße Porzellan wurde von da an in Sèvres bemalt.

Eine besondere Bedeutung für die Entwicklung des Jugendstils bekam der Engländer David Haviland, der 1842 eine Manufaktur gründete. Er wandte sich schon in den sechziger Jahren von der historisierenden Bemalung ab. Er brachte wenig neue Formen, aber eigenartig schöne Dekors heraus, die vielen Künstlern einen Weg wiesen.

Marke CD = Comte d'Artois

Schweiz

ZÜRICH (1763–1790)

In Schoren bei Bendlikon, dicht am Zürichsee, wurde 1763 eine Aktiengesellschaft gegründet, angeregt von der Naturforschenden Gesellschaft, die die Untersuchung von Mineralien und Erden im Kanton Zürich förderte. Aktionäre waren vor allem Mitglieder der Familie Heidegger, zu der auch der Dichter und Idyllenmaler Salomon Geßner gehörte. Direktor und technischer Leiter wurde der Fayencier Adam Spengler, die geschäftlichen Aufgaben unterstanden Martin Usteri.

Trotz guter Leistungen geriet das Unternehmen in finanzielle Schwierigkeiten. 1791 wurde die Gesellschaft aufgelöst. In der Blütezeit von 1763 bis 1790 waren die Maler Geßner, Heinrich Füßli und vor allem Johann Daffinger tätig. Daffinger schuf die Malerei des berühmten Services für das Kloster Einsiedel. Liebenswürdige, in hellen Farben bemalte Figuren stammen von Valentin Sonnenschein, Josef Nees und dem Sohn Spenglers, der nach Derby ging.

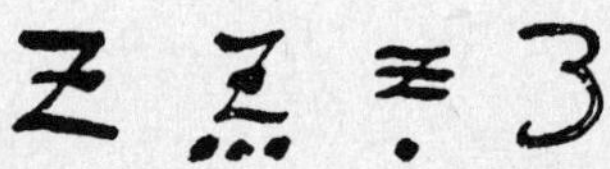

NYON (1781–1813)

Ferdinand Müller und dessen Schwiegersohn Jakob Dortu, der etwas von Porzellan verstand, gründeten am Genfer See eine Manufaktur, die hauptsächlich Geschirr produzierte. Dortu, aus einer französischen Emigrantenfamilie stammend, hatte in Berlin als Blau- und Buntmalerlehrling gelernt und muß sich dabei die Kenntnisse der Porzellanherstellung angeeignet haben, denn 1777 bis 1778 machte er in Marieberg in Schweden echtes Hartporzellan. Er war der technische und künstlerische Leiter der Manufaktur in Nyon, die großen Wert auf Malerei, besonders auf Blumenmalerei, legte und kaum Figuren herstellte.

1809 wurde aus der Manufaktur eine Aktiengesellschaft. Bis 1813 wurde Porzellan erzeugt.

Dortu u. Cie.
19. Jh.

›Potterie fine
Bonnard u. Gonin‹
19. Jh.

›Pfluger frère u. Co.‹
19. Jh.

England

CHELSEA, WEST-LONDON (1743–1784)

Die Gründer dieser Manufaktur waren zwei Franzosen, der Goldschmied Charles Gouyn und der Silberschmied Nicholas Sprimont. 1749, sechs Jahre nach der Gründung, schied Gouyn aus dem Vertrag aus.

Man unterscheidet nach der Marke der vier Chelsea-Perioden: Triangel-Periode (1745–1749), Reliefanker-Periode (1750–1753), Roter-Anker-Periode (1753–1756), Goldanker-Periode (1758 bis 1769). Von 1756 bis 1758 wurde die Manufaktur stillgelegt, und 1770 wurde sie unter William Duesbury mit der Manufaktur Derby vereint. Man nennt die Zeit bis 1784 Chelsea-Derby-Periode.

In der Triangel-Zeit waren Silbergefäße die Vorbilder und Bemalungen mit Blumen nach Meißener Muster. Figuren waren noch selten. Die Zeit mit dem Reliefanker richtete sich nach chinesischem Blanc de Chine und Arita-Porzellan, später nach Meißen.

Die Roter-Anker-Zeit ist der Höhepunkt der englischen Porzellankunst. Die berühmten Chelsea-Toys stammen aus dieser und der Goldanker-Periode. Meißen war Vorbild, während der Goldanker-Periode aber vor allem Sèvres. Die Farben *Gros bleu* und *Rose Pompadour* waren in England als Masareen-blue und Claret beliebt.

Alle Anker-Perioden wurden von der künstlerischen Kraft Sprimonts bestimmt. Krankheitshalber mußte er die Manufaktur 1763 zum Verkauf anbieten. Er starb 1771, nachdem James Cox den Betrieb übernommen und 1770 an William Duesbury weiterverkauft hatte. Duesbury vereinigte Chelsea mit seiner Manufaktur Derby. Die sogenannte Chelsea-Derby-Periode ist gekennzeichnet durch den Sieg des Klassizismus.

BOW, OST-LONDON (1744–1778)

Der Kaufmann Edward Heylyn und der Kupferstecher Thomas Frye besaßen in Bow eine Glashütte. 1744 ließen sie sich ein Patent für die Porzellanherstellung geben, aber erst mit einem neuen Patent für Knochenporzellan und der finanziellen Hilfe der Kaufleute Weatherby und Crowther konnte ab 1749 Porzellan produziert werden. Die Fabrik hieß jetzt ›New Canton‹. Man orientierte sich mit viel Geschmack an chinesischen und japanischen Vorbildern, besonders am Blanc de Chine und an chinesischen Blauweiß-Porzellanen und famille-rose-Dekors. In dieser Zeit wurde das Umdruckverfahren von dem irischen Graveur John Brooks erfunden, und der 1755 in Bow beschäftigte Stecher Robert Hancock, der 1757 nach Worcester ging, wurde einer der bedeutendsten Meister dieser Technik.

Eine Kupferstichplatte wurde mit feuerfester Farbe eingerieben. Das mit dünnem Papier abgezogene Muster wurde dann wie ein Abziehbild auf das Porzellan übertragen. Dieses Verfahren hat bei der Anwendung auf Steingut größte Bedeutung. Bow brachte einfach modellierte, sehr reizvolle Figuren heraus.

Frye behielt die Leitung der Manufaktur bis 1759 und starb 1763; Weatherby war 1762 gestorben. 1763 ging Crowther in Konkurs, und 1776 übernahm Duesbury die Fabrik. 1778 stelllte er den Betrieb ein und brachte die Modelle nach Derby.

Pfeile = vor 1750

Bossierermarken
1750—1760

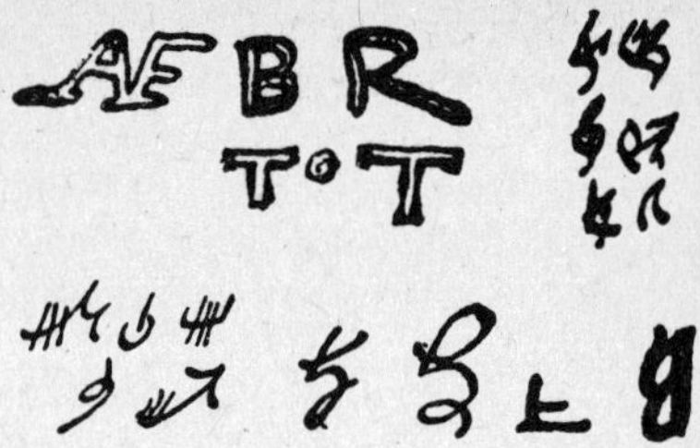

›New Canton‹
1750—1770

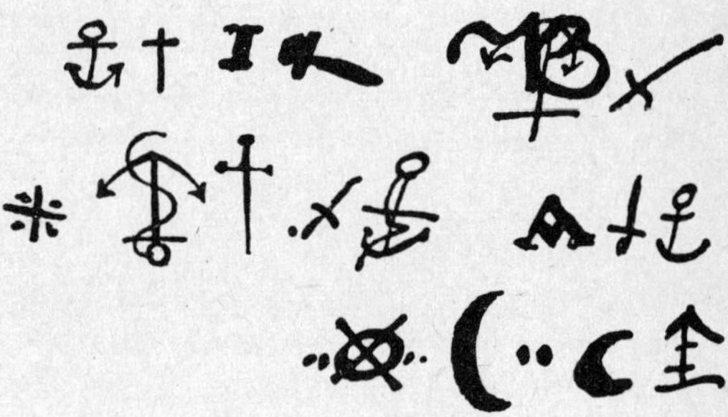

DERBY, DERBYSHIRE (1756 bis heute)

1745 entstand eine Manufaktur unter Thomas Briand und James Marchand, die aber nur kurze Zeit produzierte. 1756 gründete dann der Emailmaler William Duesbury unter Mithilfe von André Planché und dem Bankkaufmann John Heath eine Manufaktur, deren Erzeugnisse er als ›Derby oder das zweite Dresden‹ anbot. Verwechslung mit Meißen war erwünscht.

Zunächst trugen die Figuren noch keine Marken, sie sind an der Unterseite lediglich durch drei bis vier Spuren, die von Brandstützen, herrühren, gekennzeichnet. Feine Figuren wurden von John Bacon um 1769 modelliert.

Schon früh gab es hier nach dem Vorbild Sèvres Biskuit-Figuren. Etwa von 1770 bis 1774 waren die Modelleure Pierre Stephan und

Jean Jacques Spengler (Zürich) tätig. Hervorragende Maler waren Zachariah Boreman von Chelsea und William Billigsley.

Duesbury kaufte 1770 Chelsea und 1776 Bow. König Georg III. gestattete ihm, eine Krone in der Fabrikmarke zu führen. Duesbury war für das englische Porzellan das, was Wedgwood für das Steingut war. Er starb 1786. Sein Sohn und Nachfolger starb 1796, hatte sich aber vorher mit Michael Kean verbunden.

1809 bis 1847 war Robert Bloor Besitzer, dann übernahm eine Gesellschaft die Manufaktur, die sich 1935 Royal Crown Derby Porcelain Co. Limited Derby nannte.

WORCESTER, WORCESTERSHIRE (seit 1751)

Mehrere Aktionäre prägten diese 1751 gegründete Manufaktur. Der Arzt Dr. John Wall und der Apotheker William Davis hatten das Arkanum mitgebracht; Josiah Holdship leitete bis 1772 das Unternehmen. Das Porzellan war äußerlich dem chinesischen ähnlich. Es wurde vorzugsweise ein gutes Gebrauchsporzellan mit meist feiner Blau- oder Buntmalerei hergestellt. 1757 führte Robert Hancock, der von Bow kam, das Umdruckverfahren ein. Figuren wurden erst seit 1769 von Tebo gemacht, der vorher in Plymouth gewesen war.

1772 kaufte Thomas Vernon die Fabrik und schaltete alle Aktionäre außer Wall und Davis aus. Wall wurde bis zu seinem Tode im Jahre 1776 Direktor. Nach Davis' Tod wurde Thomas Flight 1783 Besitzer.

Die klassizistische Flight-Periode dauerte bis 1792, dann verbanden sich Flights Söhne mit Martin Barr. Die Flight-Barr- oder Barr-Flight-Periode – einmal war die eine Familie, dann wieder die andere tonangebend – dauerte im ganzen bis 1840. Dann ging die Manufaktur in einem Konkurrenzunternehmen unter, das ein früherer Angestellter von Flight und Barr, Robert Chamberlain, 1792 gegründet hatte. Ab 1848 sind Walter Chamberlain und John Lilly die Besitzer, von 1852 bis 1862 Kerr und Binns. 1889 und 1905 wurden zwei weitere in Worcester gegründete Fabriken, die von Thomas Grainger und die Hadley-Werke, dem Unternehmen angeschlossen.

1755—1790

1760—1775

1783—1792

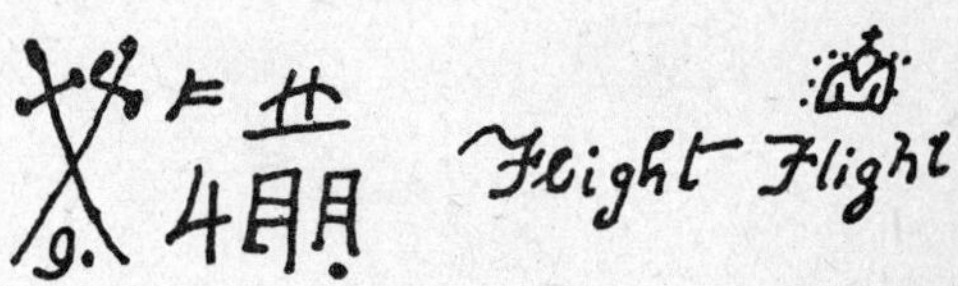

1792—1807

1807—1840

1810—1820

1840

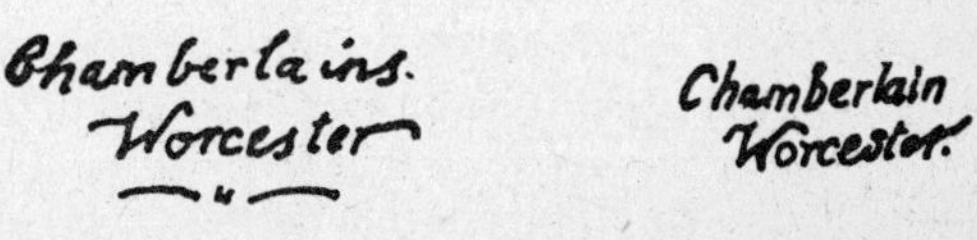

1801–1812

1812

1896–1903

1852

1852–62

1862

LONGTON-HALL, STAFFORDSHIRE (1750–1760)

Der Töpfer William Littler gründete die Manufaktur 1750 mit William Jenkinson und William Nicklin. 1755 verkaufte Jenkinson seine Anteile an den Vergolder Nathaniel Firmin. Robert Charlesworth kam als weiterer Teilhaber hinzu. Der Bruch zwischen Littler und Charlesworth beendete die Produktion 1760.

Es wurde Porzellan für den Gebrauch und zur Dekoration in Weiß und bemalt hergestellt (auch Figuren). Ein tiefes Blau, Littler's Blue, das Littler schon für das Steinzeug entwickelt hatte, war typisch.

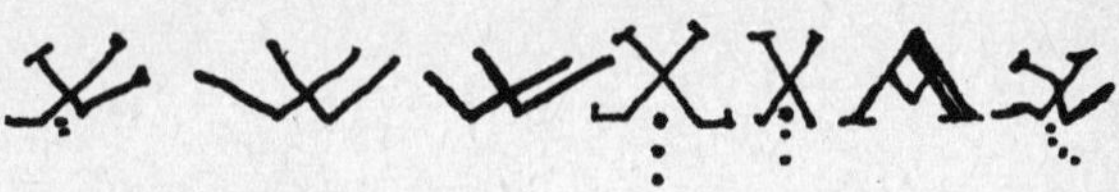

LOWESTOFT, SUFFOLK (1757–1802)

Diese Manufaktur wurde von Robert Brown 1757 gegründet, 1761 von Walker und 1780 von Robert Allen übernommen. Allen ließ das Porzellan in London dekorieren. Das Geschirr wurde für den Gebrauch der Bürger hergestellt. Blauweiß- und Buntmalerei imitierten gern Worcester und Meißen.

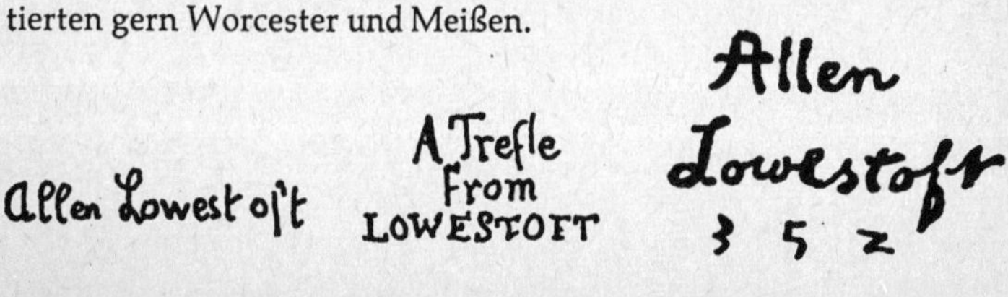

PLYMOUTH, DEVONSHIRE (1768–1781)

Der Chemiker William Cookworthy, ein Quäker, bemühte sich lange, eine brauchbare Masse herzustellen. Es gelang ihm auch die Erfindung des Hartporzellans. 1768 gründete er eine Manufaktur, und vermutlich verwendete er Formen von Longton-Hall, die 1760 verkauft worden waren. Bis 1769 war hier der Modelleur Tebo tätig, der dann nach Worcester ging.

1770 verlegte Cookworthy die Manufaktur nach *Bristol* (Bristol China Manufactory). Richard Champion durfte das Patent für Hartporzellan benutzen. 1774 wurde Champion Alleinbesitzer. Er arbeitete nach Vorbildern von Meißen und Sèvres. 1778 geriet er in finanzielle Schwierigkeiten, die ihn 1782 zwangen, die Produktion einzustellen und die Bestände zu verkaufen. 1784 ging Champion nach South Carolina (USA), wo er 1791 starb. *New Hall* übernahm das Hartporzellanpatent.

1782 wurde diese kleine Manufaktur von mehreren Töpfern gegründet. Bis 1810 stellte man Gebrauchsgeschirr aus Hartporzellan her, dann ging man zu Knochenporzellan über. Die Manufaktur heißt heute New Hall Pottery Co. Ltd.

Plymouth
1750—1752

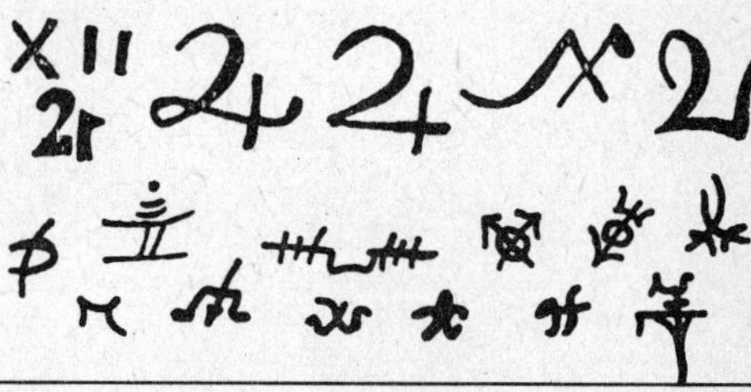

Bristol
1770—1781

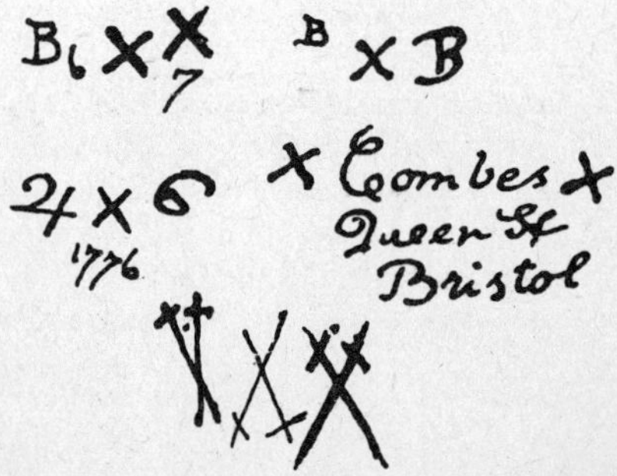

New Hall
1781—1825
20. Jh.

STOKE-ON-TRENT, STAFFORDSHIRE (seit 1770)

Josiah Spode stellte ursprünglich Steinzeug her und ab 1795 Knochenporzellan, das er noch verbesserte und im Umdruckverfahren dekorierte. Eine Verbindung mit William Copeland war günstig. Anfang des 19. Jahrhunderts begann man mit der Hartporzellanherstellung.

Josiah Spode
und Nachfolger
1770
1784—1800
1790—1800

1790
1805—1830
1810—1833

1833—1847

19. Jahrhundert

moderne Marke

1930—1950

1950—1962

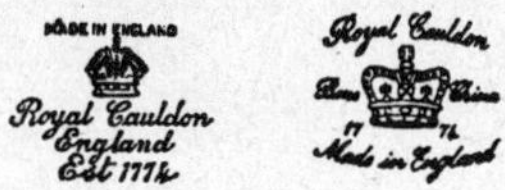

ETRURIA, STAFFORDSHIRE (seit 1768)

Der Quäker Josiah Wedgwood (1730—1795) stammte aus einer alten Töpferfamilie. Schon vor der Gründung seiner berühmten Fabrik Etruria bei Burslem im Jahre 1868 hatte er große Erfolge. 1752 übernahm er das neue Umdruckverfahren, das eine schnellere und billigere Produktion ermöglichte. 1759 gelang ihm eine interessante grüne Glasur, und 1760 entwickelte er sein ausgezeichnetes cremefarbenes Steingut. Ein Teeservice aus diesem Material begeisterte Königin Charlotte so, daß sie Wedgwood gestattete, es Queens Ware zu nennen. Das berühmteste Service aus Queens Ware ist das große Tafelservice für Kaiserin Katharina II. von Rußland, das 1773 bis 1774 entstand und für das Schloß La Grenouillière in Zarskoje Selo bei St. Petersburg bestimmt war. Jedes Stück war mit einem grünen Frosch und einer englischen Landschaft dekoriert. 1768 gründete er Etruria für die Herstellung ornamentaler Waren. Sein Partner war Thomas Bentley, ein Liverpooler Kaufmann mit großem künstlerischem Interesse, der 1780 starb. Sie nahmen den neuen klassizistischen Stil auf, der sich 1760 durchzusetzen begann.

Im Gründungsjahr entstand ein schwarzes Steinzeug, *Schwarzer Basalt*, das mit Reliefs aus dem gleichen Material dekoriert wurde oder mit Enkaustik-Malerei (eingebrannte Schmelzfarben) in Eisenrot und Weiß, manchmal nur in Rot. Diese Imitationen antiker rotfiguriger Vasen nannte Wedgwood Etruscan.

Seit 1770 wurden auch große Büsten und Figuren sowie Plaketten und Medaillons in ›Basalt‹ gemacht. 1773 kam ein Katalog darüber heraus. Zwischen 1774 und 1776 entstand die feinkörnige Jasper-Ware, ein Steingut in den Farben Lavendel, Hellblau, Meergrün, Dunkelblau oder Oliv, seltener Gelb, Lila und Schwarz, mit aufgesetzten weißen Reliefs. In der gleichen Art stellte man auch Kameen und Plaketten her. Weiße Figuren bekamen farbige Sockel aus Jaspis. Eine Glanzleistung war die vierjährige Arbeit Wedgwoods an der Kopie der antiken ›Portlandvase‹ aus schwarzem Jaspis mit weißen Figuren (im Besitz des Herzogs von Portland). Außer Gebrauchsgegenständen wurden unter anderem Dekorationen für Öfen und Möbel gemacht. Für Wedgwood arbeiteten gute Künstler, die sich in Italien an antiken Funden orientierten. Wedgwood-Erzeugnisse sind viel nachgeahmt worden. Meißen ließ sich Anfang des 19. Jahrhunderts zur Dekoration des Porzellans Reliefs schicken, Sèvres imitierte in Biskuit, manche signierten auch irreführend.

Nach Wedgwoods Tod 1795 setzte die Manufaktur die Produktion in gleicher Weise, oft mit den alten Formen, fort. Im frühen 19. Jahrhundert kam eine Lüsterdekoration dazu, und etwa um dieselbe Zeit begann die Herstellung von feinem Bone-China mit Unterglasurblaumalerei. Der Betrieb ist noch heute im Besitz der Familie Wedgwood.

Italien

FLORENZ (1575–1622)

Das von dem Großherzog Francesco Maria I. de Medici erfundene, sogenannte Medici-Porzellan wurde nur während der Regierungszeit der Medicis hergestellt. Eine der Marken: FMMDE II bedeutet Francesco Maria (oder Medici) Magnus Dux Etruriae II.

Florenz

VENEDIG (1720–1812)

Christoph Conrad Hunger ging von Wien nach Venedig und gründete dort 1720 mit dem Goldschmied Francesco Vezzi eine Porzellanfabrik. Sie stellten das erste Hartporzellan in Italien her und bezogen das Kaolin von Aue. Ein Ausfuhrverbot Sachsens gefährdete die Produktion. Hunger war schon 1725 nach Meißen zurückgegangen: 1727 mußte Vezzi schließen.

Bemerkenswert ist, daß hier die Unterglasurblaumalerei früher als in Meißen geglückt ist. Die Formen der Geschirre waren etwas an Wien und Meißen angelehnt. Typisch waren achteckige Teekannen mit Reliefdekor. Figuren gab es kaum.

1758 gründete dann Nathaniel Friedrich Hewelcke, der zu Beginn des Siebenjährigen Krieges aus Dresden gekommen war, mit dem Privileg des Venezianischen Senats erneut eine Manufaktur, die durch ein in Le Nove entstandenes Konkurrenzunternehmen 1763 einging.

1765 gründete sein Teilhaber Geminiano Cozzi eine eigene Manufaktur mit einem Privileg für zwanzig Jahre. Er stellte Weichporzellan (Frittenporzellan) mit ostasiatischer Malerei her und richtete sich später nach Meißen, dann nach Sèvres. Sein Rohmaterial stammte aus Vicenza. Ab 1781 wurde auch Steingut nach englischem Muster hergestellt, und bis 1790 erlebte die Manufaktur eine Blütezeit. Die Besetzung Venedigs durch die Franzosen und später durch die Österreicher führte zu ihrem Ruin. Sie wurde 1812 geschlossen.

Figuren der Cozzi-Zeit sind meist unbemalt. Allegorische Motive wurden bevorzugt.

Vezzi

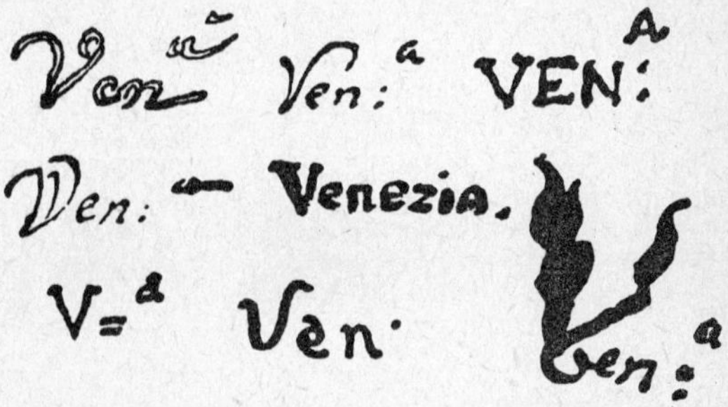

Hewelcke

Cozzi

LE NOVE (1762–1825)

Pasquale Antonibon betrieb in Le Nove bei Bassano eine gutgehende Majolikafabrik. Mit Unterstützung seines Gehilfen Johann Sigismund Fischer aus Dresden nahm er einen Porzellanofen dazu und begann 1762 Porzellan zu produzieren. 1773 zog sich dann Antonibon zurück und widmete sich der Politik. Er war inzwischen geadelt worden. Seit 1762 war sein Sohn Giovanni Battista Teilhaber (Marke GBA). 1781 bis 1801 übernahm Francesco Paolin die Porzellanabteilung. Auch er arbeitete noch im Sinne des Rokoko. Erst Giovanni Baroni, der die Fabrik bis 1825 leitete, ging in Form und Dekor zum Empire über (Marke GB).

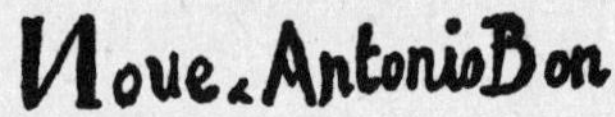

1763—1773

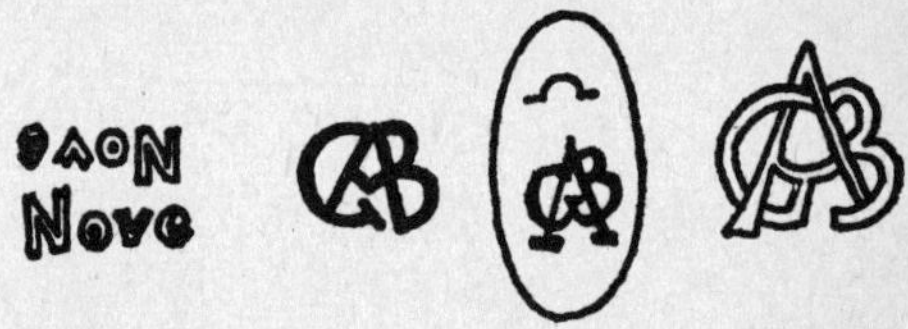

nach 1781

1800

1801—1825

DOCCIA, FLORENZ (seit 1737)

Gründer war der Marchese Carlo Ginori, der in Wien angeregt wurde, Porzellan zu machen. Er engagierte 1737 den Wiener Hausmaler Karl Wendelin Anreiter von Zirnfeld; aber erst 1746 begann der Verkauf von Porzellan. Die wirtschaftliche Lage war jedoch schwierig. Unter dem Sohn Lorenzo Ginori trat eine Besserung ein.

Nach Auflösung von Capodimonte wurden dort einige Modelle erworben. Die neuen Ausformungen signierte man mit Krone und einem N darunter. Das führte zu Verwirrung und Verwechslungen. Besonders in der zweiten Hälfte des 19. Jahrhunderts wurden Mengen produziert und als alt an Touristen verkauft. Selbst in Thüringen wurde dieses Capodimonte-Geschirr nachgemacht. 1896 schlossen sich Ginori und Richard in Mailand zusammen, andere Fabriken folgten, und heute ist Doccia ein großer Konzern.

Eine Spezialität waren die figürlichen Reliefdekors auf Kannen, Tassen und Galanterien, die häufig nach Vorbildern von Guglielmo della Porta (aus dem Kreise Michelangelos) gemacht wurden. Die Figurenplastik lehnte sich an Wiener und Meißener Modelle an.

CAPODIMONTE, NEAPEL (1743–1759)
Buen Retiro (1760–1804)

Karl III., König von Neapel und Sizilien, hatte eine Tochter Augusts III. von Sachsen und Polen zur Gemahlin. Sein Interesse am Porzellan war daher naheliegend. Schon 1741 ernannte er den Chemiker Livio Ottavio Schepers zum Direktor der königlichen Manufaktur und Giovanni Caselli zum Vorstand der Malerei, doch erst 1743 wurde das Gebäude errichtet und mit der Arbeit begonnen. Gaetano, der Sohn Schepers', konnte die Porzellanmasse (pâte tendre) noch verbessern. Er wurde der erfolgreichere Nachfolger seines Vaters. Modelleur war sein Schwager Giuseppe Gricci, als Maler wirkten Giovanni Caselli und Johann Sigismund Fischer und andere.

Bedeutend war die Figurenplastik von Capodimonte. Heilige und Götter, Hirten und Tiere und vor allem temperamentvolle Komödienfiguren waren Werke Griccis. Die Geschirrformen folgten Meißen und Wien.

1759 verlegte Karl III., der Nachfolger seines Bruders Ferdinand VI. von Spanien wurde, seine Fabrik mit der ganzen Belegschaft und allem Zubehör und Material nach *Buen Retiro* bei Madrid. Das Unternehmen verlief nicht ganz glücklich, denn man hatte auf die Dauer in Spanien keine geeignete Masse zur Verfügung. Die Manufaktur arbeitete nur für den Hof. Erst ab 1804 konnte unter der Leitung von Bartolome Sureda mit der Hilfe eines Arkanisten aus Sèvres, Vibien, Hartporzellan hergestellt werden.

1808 bauten die Franzosen die Fabrik als Fort aus, das 1812 von den Engländern zerstört wurde.

Künstler waren Felice Gricci, Salvatore Nofri, C. Fumo.

Die Marken zeigen die bourbonische Lilie in Abwandlungen.

CC ist das Zeichen für Carl III.

Buen Retiro/Spanien
1760—1804

1804—1808

NEAPEL (1771—1834)

König Ferdinand IV. von Neapel, Sohn Karls III., gründete 1771 eine Manufaktur, die Weichporzellan herstellte (pâte tendre) und 1773 von Portici nach Neapel verlegt wurde.

1806 besetzten französische Truppen die Manufaktur, 1807 wurde sie von Joseph Bonaparte an eine französische Firma verkauft, die nicht sehr erfolgreich war. 1834 wurden dann die Restbestände verkauft.

Die Manufaktur stellte vor allem große Service als fürstliche Geschenke her, dazu Tafelaufsätze mit Figuren aus Biskuit-Porzellan. Eine Huldigung an den Klassizismus stellt das Herculaneum-Service dar, das Ferdinand an den Vater nach Spanien schicken ließ. Das Etruskische Service war ein Geschenk für König Georg III. von

England. Die kleineren Service erhielten Dekors mit typischen italienischen Motiven, mit Jagdmotiven, Vögeln oder Schiffen. RF in der Marke bedeutet Rex Ferdinandus. Das gekrönte N wurde im 19. Jahrhundert viel nachgeahmt und führte zu Verwechslungen mit Capodimonte.

Holland

WEESP (1764–1771)

Graf Gronsveldt-Diepenbroick übernahm 1759 in Weesp eine ›Porceleynmakerey‹, in der ursprünglich Fayence gemacht worden war, und richtete sie für die Porzellanherstellung ein. Nikolaus Paul, der 1764 nach Fulda ging, half ihm dabei. Nach ihm leitete Picot die Manufaktur bis 1771.

Trotz des guten Porzellans geriet die Manufaktur in immer größere Schwierigkeiten. Der Pastor der reformierten Kirche, De Mol, übernahm dann Künstler, unter ihnen Louis Victor Gerverot, Arbeiter und Inventar und gründete eine Manufaktur in Oude-Loosdrecht.

OUDE-LOOSDRECHT BEI HILVERSUM (1771–1784 bzw. 1814)

Diese Manufaktur wurde von dem Pastor Johannes De Mol 1771 gegründet.

In Schrezheim bei Ellwangen experimentierten Gerverot und einige Arbeiter in einem stillgelegten Betrieb mit Porzellanöfen, um eine gute Masse zu entwickeln. 1774 konnte das erste Porzellan hergestellt werden; 1778 waren 60 Erwachsene und 25 Kinder beschäftigt. Es wurde eine gute Qualität produziert, aber die Manufaktur konnte sich trotzdem nicht gegen die Konkurrenz des englischen Steinguts behaupten. De Mol starb verschuldet 1782. Ein Gläubiger, J. Hope, übernahm die Fabrik und verlegte sie 1784 in eine günstigere Gegend, nach *Ouder-Amstel.* Hier wurde Friedrich Däubler Direktor.

Einige Male wechselten die Besitzer, bis der Betrieb 1800 von Donner und Co. übernommen wurde. 1808 zog man nach *Nieuwer-Amstel* um.

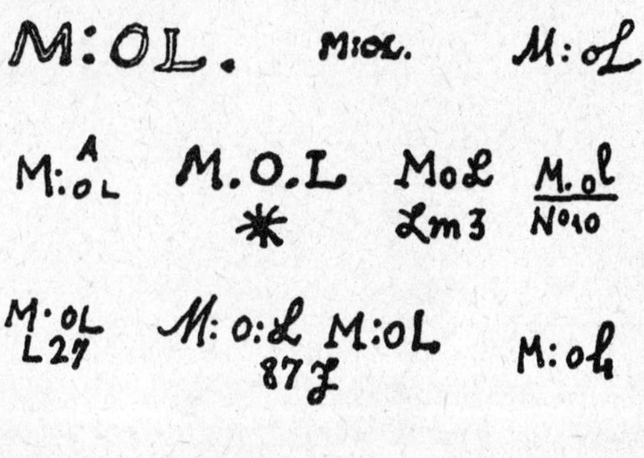

Probestücke aus Schrezheim wurden mit einem Löwen gekennzeichnet.

---

ab 1814

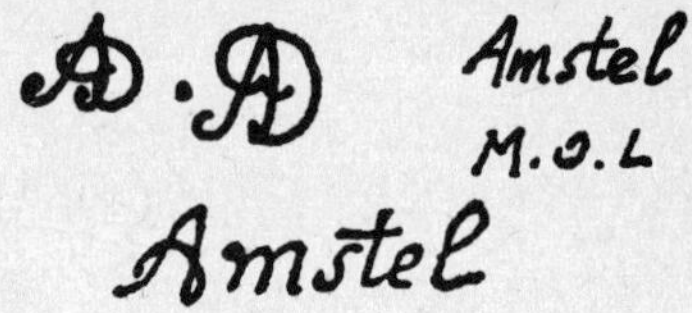

König Louis Napoléon unterstützte die Manufaktur mit jährlichen Zuschüssen von 45 000 Fr., bis Holland 1810 Teil des französischen Kaiserreichs wurde. Das Unternehmen nannte sich deshalb auch Koninklyke Porcelein Fabriek.

Das Porzellan ist dem von Oude-Loosdrecht ähnlich. Um 1800 wurde das Empire mit seinen antiken Formen, Schlangenhenkeln und Vergoldungen übernommen. Es gab wenige Biskuit-Figuren, -Gruppen und -Büsten. Bis Ende des 19. Jahrhunderts wurde dann in Holland kein Porzellan mehr hergestellt.

DEN HAAG (1766–1790)

Der Gründer Anton Lynker dekorierte zunächst nur in seiner Hausmalerwerkstatt, die er Porzellanfabrik nannte, Porzellan aus deutschen Manufakturen. Er hatte entdeckt, daß man auf diese Weise auch Zollgeld sparen konnte. 1778 nahm er Geld auf und stellte selbst Porzellan her. Bei seinem Tode waren in der Manufaktur 40 Arbeiter beschäftigt. Seine Witwe führte den Betrieb bis 1784 weiter. Unter der Leitung des Sohnes ging die Manufaktur 1790 ein.

Das Porzellan zeichnet sich durch gute Malerei und Vergoldung aus. Außer eigenem Porzellan wurde Hartporzellan aus Deutschland (Ansbach, Volkstedt, Meißen) und pâte tendre aus Tournay bemalt. Bevorzugt waren *Deutsche Blumen*, um 1780 Monogramme aus Blumen und Stilleben mit Blumen und Gemüsen, Tiermalerei und Putten in Purpurcamaïeu, Stadtansichten und Medaillons mit

Köpfen in Camaïeu oder Silhouette. Figuren sind nicht erhalten. Die Storchenmarke diente manchmal auch zum Übermalen einer anderen Marke (zum Beispiel A von Ansbach).

Die Marke erschien auf eigenen Stücken in Unterglasurblau. Hausmaler brachten sie in Aufglasurblau an.

ROZENBURG, DEN HAAG (1883–1916)

Diese Manufaktur wurde 1883 von dem Freiherrn von Gudenberg gegründet, dessen Mitarbeiter Theodor Colenbrander war. Zunächst wurde vor allem *Delfter Blau* hergestellt. Ab 1895 arbeiteten J. Juriaen Kok und der Chemiker M. N. Engelen an der Erneuerung des Porzellanstils. Ein Service in einer dünnen, glasartigen Porzellanmasse wurde mit Kapuzinerkresse oder Flieder und Spinnen mit ihren Netzen von J. Schelling und R. Sterken bemalt. Das aparte Geschirr erregte Aufsehen auf der Pariser Weltausstellung 1900. Die Manufaktur ging 1916 ein.

Belgien

TOURNAY (seit 1751)

François Joseph Peterinck übernahm in Tournay eine Fayencefabrik und begann mit einem Privileg Maria Theresias und mit Hilfe der Stadt, Porzellan herzustellen. Seit 1753 war Robert Dubois aus Vincennes-Sèvres Direktor. Unter seiner Leitung wurde Weichporzellan (pâte tendre) hergestellt. Peterinck starb 1796 achtzigjährig. Sein Sohn Charles führte die Manufaktur bis 1799, sein Schwager und dessen Sohn übernahmen sie bis 1850, dann ging sie an Boch über.

Berühmt waren die hier entwickelten holzgemaserten Fonds (décor bois), sonst lehnte sich die Malerei an Meißen an, und das unterglasurblaue Zwiebelmuster gehörte zu den Standardmustern. Später wurden auch Dekors im Sèvres-Stil gemacht. Figuren gab es weiß glasiert und bemalt oder in Biskuit. Gruppen wurden gern um einen Baum arrangiert.

Als Modelleure arbeiteten Nicolas Lecreux, Nicolas Gauron, Antoine Gillis und Joseph Willems, Maler war Henri Joseph Duvivier.

Schweden

RÖRSTRAND und MARIEBERG (seit 1758)

1729 übernahm Christoph Conrad Hunger die Leitung der 1726 gegründeten Fayencefabrik bei Rörstrand, ohne jedoch Porzellan herstellen zu können. Hunger wurde wegen Unfähigkeit 1735 entlassen. Nach kurzem erfolglosem Aufenthalt in Kopenhagen kehrte er nach Schweden zurück, um ein Privileg für die Porzellanherstellung zu erhalten, wurde aber abgewiesen und schließlich nach St. Petersburg berufen.

1743 erging ein allgemeiner Aufruf im Lande, geeignete Erde nach chinesischem Rezept zu suchen. 1758 wurde dann dem Zahnarzt Johann Ludwig Eberhard Ehrenreich ein Privileg gegeben. Das in Marieberg errichtete Fabrikgebäude brannte 1759 gleich zu Beginn der Produktion ab, und nach dem Wiederaufbau wurde nur noch Fayence gemacht. Ein einziges erhaltenes Stück, eine Schale, wird im Nationalmuseum in Stockholm als Zeugnis dieses ersten Versuchs aufbewahrt.

1766 wurde Ehrenreich entlassen, und Pierre Berthevin aus Mennecy-Villeroy leitete die Fabrik von 1766 bis 1769. Er führte das Frittenporzellan ein. In dieser Zeit arbeitete man nach Vorbildern von Meißen, Frankenthal und Mennecy.

Berthevin interessierte sich auch für das Umdruckverfahren auf Fayence. 1779 wurde in Sèvres unter seiner Beratung ein Service für Katharina II. von Rußland in dieser Art dekoriert. Nach seinem Weggang übernahm Henrik Sten die Leitung. Er führte ein Hartporzellan ein, das sehr schlecht war, sich aber trotzdem im 18. Jahrhundert in Schweden durchsetzte. Die Formen blieben dieselben wie in der Zeit Berthevins, dazu kamen klassizistische Formen mit Blumenmalerei und Girlanden und auch Landschaften in Rosa (Ton-in-Ton-Malerei). Sèvres wurde gern nachgebildet.

Vollständige Service sind in Marieberg nie entstanden. Einwandfreies Hartporzellan wurde nur in der kurzen Zeit von 1777 bis 1778 von Jacob Dortu hergestellt, der in Berlin als Porzellanmaler ausgebildet worden war. Er gab sein Geheimnis nicht preis, und als er nach Nyon ging, mußte man auf das mangelhafte Porzellan zurückgreifen.

Das Werk Marieberg ging in den achtziger Jahren in der Rörstrander Fabrik auf. Unter Bengt Reinhold Gejer, der 1795 Besitzer wurde, begann man Steingut in der Wedgwood-Art zu fabrizieren und nahm später auch die Porzellanherstellung wieder auf.

Die Manufaktur hat seit dem Ende des 19. Jahrhunderts, als Alf Wallander Direktor war und ausgezeichnetes Porzellan im Sinne des Jugendstils gestaltete, einen guten Ruf für modernes Porzellan.

1766—1769

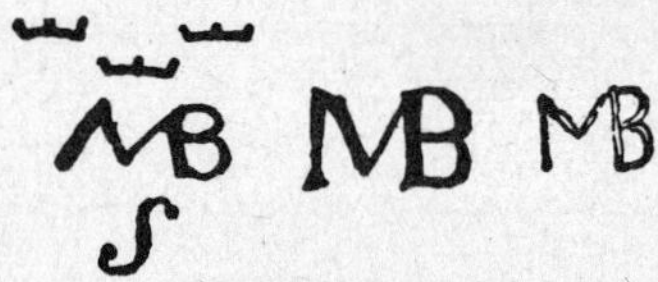

1769—1778

Rörstrand nach 1800

1830—1840

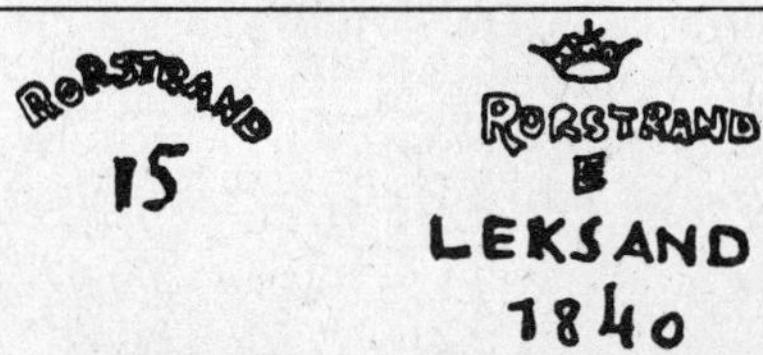

1850

1852

1857–1860

Seit 1870

Seit 1884

Moderne Marken

Dänemark

KOPENHAGEN (seit 1759)

Viele vergebliche Versuche, Porzellan herzustellen, gingen der Gründung der Manufaktur voraus. 1731 bemühte sich der Glasmacher Elias Vater aus Dresden, 1730 bis 1737 der Meißener Vergolder Christoph Conrad Hunger, ab 1752 der Meißener Modellmeister Johann Christian Ludwig Glück, der über Wien und Fürstenberg nach Kopenhagen gekommen war, der Meißener Blaumaler Johann Gottfried Mehlhorn und der Engländer Daniel Maccarthy.

1756 entdeckte Steinbruchinspektor Birch auf Bornholm geeignete Erde. Bei Christianshavn wurde die Fabrik am blauen Turm gegründet, die Mehlhorn leitete – aber Porzellan wurde nicht erzeugt. 1760 wurde die Fabrik mit der Fayencefabrik von Jakob Fortling vereinigt, nach dessen Tod 1761 Mehlhorn entlassen wurde. 1760 hatte der schon 1759 aus Vincennes und Chantilly gekommene Louis Fournier die Leitung übernommen. Er ließ vor allem Geschirr in Frittenporzellan herstellen. Plastiken sind kaum bekannt. Die Malerei stand unter dem Einfluß der Fayence der Fabrik von Fortling und des Blumenmalers Johann Georg Richter aus Höchst, der über Straßburg 1755 nach Kopenhagen kam.

Nach Frederiks V. Tod verließ Fournier 1766 Dänemark, teilte aber das Herstellungsgeheimnis dem Apotheker Frantz Heinrich Müller mit. Müller und Richter stellten Hartporzellan mit Kaolin aus Limoges her.

1775 wurden neue Kaolinvorkommen auf Bornholm entdeckt. Am 1. Mai des gleichen Jahres wurde die Aktiengesellschaft Danske Porcelains Fabrik gegründet, deren Hauptaktionärin die Königinwitwe Juliane Marie, Schwester des Herzogs Ferdinand von Braunschweig, war. Man wählte jetzt eine Marke, drei Wellenlinien, in Unterglasurblau, das Symbol für die drei Wasserwege Großer Belt, Kleiner Belt und Öresund.

1766 wurde der Modellmeister Anton Carl Luplau aus Fürstenberg bis zu seinem Tode 1795 eingestellt. Maler kamen aus Meißen und Berlin. Die wirtschaftliche Lage blieb jedoch schlecht, und die Manufaktur wurde dem König zum Kauf angeboten. Ab 1779 hieß sie Kongelige Danske Porcelains Fabrik. 1780 richtete man ein großes Verkaufslager in Kopenhagen ein.

Durch den Einfluß Juliane Maries blieb der Manufaktur die staatliche Förderung bis 1784 erhalten. Von da an war die künstlerische Leistung unbedeutend. Eine Ausnahme machte das Staatsservice für Katharina II. von Rußland, das Flora-Danica-Service, für dessen Bemalung Müller 1776 den Blumenmaler Johann Christoph Bayer aus Nürnberg holte. Wissenschaftlicher Ratgeber war der Botaniker Theodor Holmskjöld.

Ein unterglasurblauer Dekor, das muschelgemalte stilisierte Blumenmuster, erfreute sich großer Beliebtheit. In England wurde es *Immortelle* genannt.

1802 trat Müller in den Ruhestand. Unter seinem Nachfolger I. G. L. Manthy kam es, zum Teil durch politische Ereignisse, zu einem Niedergang. Mit G. F. Hetsch, der die künstlerische Leitung 1824 übernahm, begann die Empire-Zeit, die auch vom klassizistischen Porzellan Berlins beeinflußt war.

1833 wurde C. W. Bergsoé Direktor; 1863 vereinigte man die Manufaktur mit der Fayencefabrik Alumina; 1867 ging sie in Privatbesitz über. Falck kauft sie vom Staat und durfte Namen und Marke beibehalten.

1884 wurde Philipp Schou Besitzer, sein künstlerischer Leiter war Arnold Krog. Damit begann eine neue, fruchtbare Zeit. Der Malerei Krogs kamen die neuen Erkenntnisse in der Unterglasurtechnik entgegen. So fand das Porzellan aus Kopenhagen auf der Pariser Weltausstellung 1889 großen Anklang. 1902 übernahm Schous Schwiegersohn Franz Dalgas die Fabrik.

Die heutige Produktion der Kongelige Danske Porcelains Fabrik und Fajancefabrik Alumina A/S Kopenhagen umfaßt alle Modelle vom 18. Jahrhundert bis heute. Unterglasurblaues Geschirr nimmt einen großen Teil der Produktion ein.

1853 wurde in Kopenhagen die Manufaktur von Bing und Grøndahl gegründet, die künstlerisch der Staatsmanufaktur folgte.

Bing und Grøndahl
Gebr. M. Ludwig u.
J. Harald Bing u.
Frederik Grøndahl

Rußland

ST. PETERSBURG (seit 1744)

Von Zarin Elisabeth wurde die Manufaktur 1744 gegründet. Christoph Conrad Hunger, der aus Schweden nach Petersburg berufen worden war, leitete sie, mußte aber wegen schlechter Arbeit 1748 wieder gehen. 1748 bis 1758 war Dimitrij Winogradow Direktor. Ihm gelang es, das Porzellan neu zu entdecken. Nach seinem Tode wurde Johann Gottfried Müller aus Sachsen als Arkanist angestellt.

Bis etwa 1760 wurden einfachere und kleinere Dinge hergestellt; Tee- und Kaffeegeschirre und Tabatieren, meist nach Meißener Art.

Kaiserin Katharina II. stellte jährlich 15 000 Rubel für das Unternehmen zur Verfügung. Bis 1772 leitete der Gardeleutnant zu Pferde Tschepotjew die Manufaktur. Er berief unter anderem den Meißener Modelleur Karlowsky. Durch die Gründung einer Kunstschule hoffte man, geeigneten Nachwuchs zu erhalten. Als Maler arbeiten bereits nur Russen.

1773 übernahm Prinz Wiazemsky die Leitung. Er stellte 1779 den französischen Bildhauer François Dominique Rachette als Modellmeister ein, der die klassizistische Richtung vertrat. Hauptmaler war der Russe Sacharow.

1792 wurde Fürst Yussupow Leiter der Manufaktur.

1784 entstand das *Arabesken-Service* für Katharina II. mit einem Tafelaufsatz von Rachette, der die Kaiserin inmitten allegorischer Figuren und Gruppen darstellt. Das ebenfalls um diese Zeit geschaffene *Jacht-Service* verherrlicht in seiner Malerei die

Seesiege Katharinas. Von Rachette stammen auch Medaillonporträts und eine beachtliche Büste der Kaiserin. Sonst wurden viele russische Volkstypen und Berufe dargestellt. Während der Regierungszeit des Thronfolgers Paul, der 1801 ermordet wurde, und des Zaren Alexander I. richtete sich die Manufaktur nach dem französischen Empire-Stil. Zur Zeit des Zaren Nikolaus I. (1825 bis 1855) besann man sich wieder mehr auf den russischen Volkscharakter in Malerei und Plastik.

Ende des 19. Jahrhunderts ließ die Qualität spürbar nach. Erst die Revolution 1917 brachte einen neuen Aufschwung.

1744—1762
Elisabeth
(Die Zeichen unter den Marken beziehen sich auf die Erden, die verwendet wurden.)

1762—1796
Katharina II.

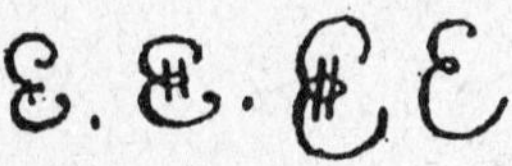

1766—1782
›Ankermarken‹

1796—1801
Paul I.

Inventarmarke
(Pridwornaja Kontora)

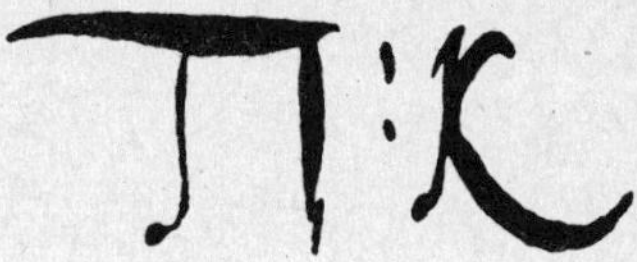

1801—1825
Alexander I.

1825—1855
Nikolaus I.

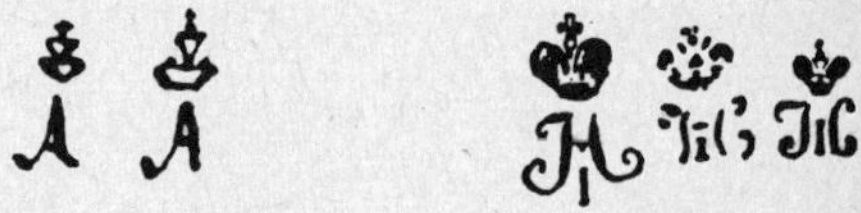

1855—1881
Alexander II.

1881—1894
Alexander III.

1894—1917
Nikolaus II.

Seit 1917

GARDNER, WERBILIKI BEI MOSKAU

Der Engländer Francis Gardner gründete 1754 eine Porzellanfabrik, die mit der Zarenmanufaktur konkurrieren konnte. 1780 wurde sie nach Twer verlegt und ging 1891 in den Besitz von M. S. Kusnetzow über.

Gardner arbeitete auch für den Hof. Bekannt sind das *St.-Georg-Service* für Katharina II., das *St.-Andreas-Service* und auch das *Alexander-Service*, die alle als plastische und gemalte Dekoration Orden, Band oder Kette und Stern tragen. Aus dieser Manufaktur gingen auch sehr schöne Figuren aus dem russischen Alltagsleben hervor. – Marken: GARDNER in lateinischer oder kyrillischer Schrift, oder nur verschiedene G, lateinisch oder kyrillisch. Im 19. Jahrhundert kam der heilige Georg mit darüber eingedrücktem Zarenadler vor.

Unter vielen kleineren privaten Fabriken ist als größte die 1801 in Gorbunow bei Moskau von A. G. Popow gegründete zu erwähnen.

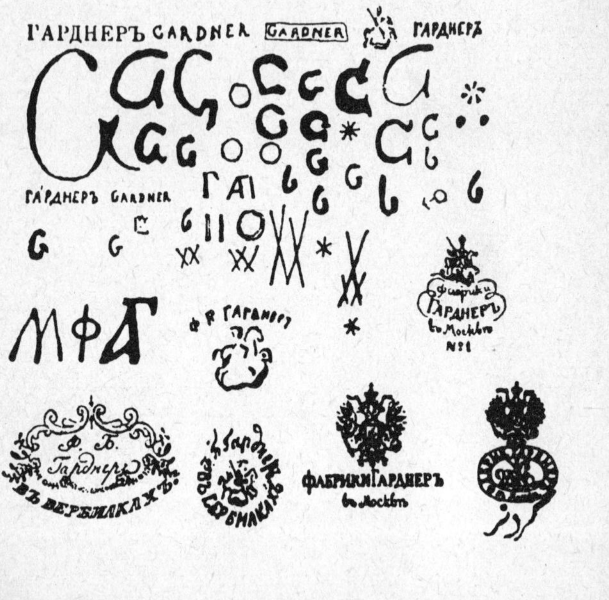

Ungarn

HEREND (seit 1839)

Die Manufaktur wurde kurz nach der Gründung 1839 von Moritz Fischer übernommen. Ihre größten Erfolge errang sie mit der Nachahmung und Ergänzung wertvoller Service für die ungarische Aristokratie. Typisch für Herend sind unter anderem das *Viktoria-Muster* mit Schmetterlingen und Blüten, China-Dekors, der *Rothschild-Dekor* mit zwölf verschiedenen, hervorragend gemalten Vogelgruppen, der *Wales-Dekor* (das Service war ein Geschenk Franz Josephs an den Prince of Wales, den späteren König Edward VII. von England) und der *Poisson-Dekor* mit plastischen Delphinen (für den Herzog von Windsor). *Siang-rouge* und *Siang-noir* waren etwas geometrische, ostasiatisch beeinflußte Dekors mit Gold.

Nach Schließung der Wiener Manufaktur 1864 überließ Kaiser Franz Joseph deren Modelle und Muster der Herender Manufaktur. Der Dekor ›*Petersilien*‹ wurde in Herend für den Wiener Hof weitererzeugt.

1948 wurde der Betrieb ohne Veränderung des Manufakturcharakters verstaatlicht.

Quellennachweis

ALLGEMEINES, CHINA, JAPAN

du Boulay, Anthony: Chinesisches Porzellan, Frankfurt 1963

Burton, William: A General History of Porcelain, London/New York/Melbourne/Toronto 1921

Chinese Porcelain of the Ch'ing Dynasty, London 1957

Chinesisches Porzellan und die übrigen keramischen Erzeugnisse Chinas, 2. Aufl. Leipzig 1923

Dexel, Thomas: Chinesisches Porzellan, Darmstadt o. J.

Feddersen, Martin: Japanisches Porzellan, Braunschweig 1960

Jenyns, Soame: Later Chinese Porcelain, London 1951

Jenyns, Soame: Ming Pottery and Porcelain, London 1953

Pelka, Dr. Otto: Chinesisches Porzellan, Leipzig 1921

Schmidt, Robert: Das Porzellan als Kunstwerk und Kulturspiegel, München 1925

EUROPA/ALLGEMEINES

Ducret, Siegfried: Deutsches Porzellan und deutsche Fayencen, Baden-Baden 1962

Hoffmann, Friedrich: Das Porzellan der europäischen Manufakturen im 18. Jhd., eine Kunst- und Kulturgeschichte, Berlin 1932

Honey, W. B.: German Porcelain, London 1947

Kronberger-Frentzen, Hanna: Altes Bildergeschirr, Tübingen 1964

Leistikow-Duchardt, Annelore: Die Entwicklung eines neuen Stils im Porzellan, Heidelberg 1957

Schnorr von Carolsfeld, Ludwig: Porzellan der europäischen Fabriken, neubearbeitet von Erich Köllmann, Braunschweig 1956

Walcha, Otto: Porzellan, Heidelberg 1963 (Leipzig)

Weiß, Gustav: Ullstein Porzellanbuch, Berlin/Frankfurt/Wien 1964

MEISSEN

Albiker, Carl: Die Meißener Porzellantiere im 18. Jhd., Berlin 1959

Handt, Ingelore – Rakebrand, Hilde: Meißener Porzellan des 18. Jhds., Dresden 1956

Köllmann, Erich: Meißener Porzellan, Braunschweig 1965

Schönberger, Arno: Meißener Porzellan mit Höroldt-Malerei, Darmstadt o. J.

ANDERE DEUTSCHE MANUFAKTUREN

Köllmann, Erich: Berliner Porzellan, Braunschweig 1963
Königlich Berlin 1763–1913. Gedenkblatt zum 150jährigen Jubiläum der Königl. Porzellan Manufaktur Berlin. Herausgg. von der Direktion der Königl. Porzellan Manufaktur, Berlin
Braun-Ronsdorf, Margarete: 200 Jahre Nymphenburger Tafelgeschirr, Darmstadt o. J.
Rückert, Rainer: Franz Anton Bustelli, München 1963
Ducret, Siegfried: Fürstenberg-Porzellan, Braunschweig 1965
Hayward, J. F.: Viennese Porcelain of the Du Paquier Period, London 1952
Ducret, Siegfried: Das Würzburger Porzellan des 18. Jhds. 1775–80, Braunschweig 1968
Schnyder, Rudolf: Zürcher Porzellan, Zürich 1964

EUROPÄISCHE MANUFAKTUREN

Briant, G. E.: The Chelsea Porcelain Toys, London/Boston (1925)
Ruscoe, William: English Porcelain Figures, London 1947
•Wedgwood. London 1958, Small Picture Book no. 58
Les Porcelainiers du XVIIIe siècle français, Préface de Serge Gauthier, Paris 1964
Ginori Lisci, Leonardo: La Porcellana di Doccia, Milano 1963
Lane, Arthur: Italian Porcelain, London 1924
Hayden, Arthur: Kopenhagener Porzellan, Leipzig 1924
Ross, Marvin C.: Russian Porcelains, University of Oklahoma Press 1968
Boucz, C. – Gink, K.: Herender Porzellan, Budapest 1962

Bildquellennachweis

Die Fotografien wurden freundlicherweise von folgenden Stellen zur Verfügung gestellt:

Hetjens-Museum der Stadt Düsseldorf (Foto: Landesbildstelle Rheinland): Abb. 1, 5, 6, 8, 9, 10, 11, 12, 15, 16, 18, 22, 26, 35, 36

Staatliche Schlösserverwaltung München (Museumsabteilung): 17, 19, 21, 27, 28, 32

Die hier nicht aufgeführten Fotos stammen aus Privatbesitz und von der Verfasserin.

Namens- und Sachregister